AF525064

Fleischer | Kuom | Risch | Wollny

SCHIENENWEGE gestern und heute

Zeitreise durch Berlin

Band I – Eisenbahn

Reise- und Güterverkehr

Foto: Historische Sammlung der Deutschen Bahn AG

In den Jahren 1950, 1954 und 1964 fanden jeweils zu Pfingsten in der DDR Deutschlandtreffen der Jugend aus Ost und West statt. Diese Treffen wurden von der FDJ der DDR organisiert und sollten unter anderem für die deutsche Einheit (allerdings nach den Vorstellungen der DDR) werben. Das dritte und letzte Deutschlandtreffen fand vom 16. bis 18. Mai 1964 in Ost-Berlin statt. Bei diesem Treffen wurde von DDR-Musikgruppen erstmals entgegen der bisherigen Praxis öffentlich westliche Pop-Musik gespielt. Das Foto entstand am 16. Mai 1964.

VGB [VERLAGSGRUPPE BAHN] | GeraMond

Impressum

Verantwortlich: Korbinian Fleischer

Autoren: Burkhard Wollny, Karsten Risch, Hermann Kuom, Korbinian Fleischer

Grafische Gestaltung: BUCHFLINK Rüdiger Wagner
Titelentwurf: Sneschi Dejanovic
Bildauswahl und Texte: Korbinian Fleischer, Hermann Kuom, Karsten Risch
Korrektorat: Ralf J Kumb - The Worm
Herstellung: Anna Katavic
Printed in Slovenja by DZS Grafik

Sind Sie mit diesem Titel zufrieden? Dann würden wir uns über Ihre Weiterempfehlung freuen. Erzählen Sie es im Freundeskreis, berichten Sie Ihrem Buchhändler oder bewerten Sie bei Ihrem nächsten Onlinekauf. Und wenn Sie Kritik, Korrekturen oder Aktualisierungen haben, freuen wir uns über Ihre Nachricht an GeraMond Media, Postfach 40 02 09, D-80702 München oder per E-Mail an lektorat@verlagshaus.de.

Unser komplettes Programm finden Sie unter 

Die Deutsche Nationalbibliothek verzeichnet diese Publikation in der Deutschen Nationalbibliografie; detaillierte bibliografische Daten sind im Internet über http://dnb.d-nb.de abrufbar.

ISBN 978-3-96453-297-8

Titelbild: Die Eisenbahnbrücke der Berliner Stadtbahn über die Friedrichstraße im historischen Zentrum Berlins gehört zu den bekanntesten Eisenbahnmotiven der Bundeshauptstadt. Die Straße wurde nach dem Kurfürsten Friedrich III. von Brandenburg benannt. Das Foto entstand 1968.
Historische Aufnahme: Gerhard Greß
Aktuelle Aufnahme: Burkhard Wollny

Inhalt

Berlin 30 Jahre nach der Wiedervereinigung

In keiner Stadt in Europa hat sich die Eisenbahnlandschaft in den vergangenen drei Jahrzehnten derart verändert wie in Berlin.

Zwischen 1961 und 1990 war die Großstadt durch die Mauer geteilt. Während der Ostteil der Stadt größtenteils ins Staatsgebiet der DDR integriert, lag der Westteil der Stadt verkehrstechnisch wie eine Insel im Meer. Bereits 1949 wurde in Westdeutschland die Deutsche Bundesbahn gegründet, die das Erbe der gesamtdeutschen Reichsbahn in den drei Westzonen antrat. In der sowjetisch besetzten Zone, der späteren DDR, blieb die Eisenbahn bei ihrem Namen „Deutsche Reichsbahn". Mit Zustimmung der Westalliierten wurden die gesamten Anlagen in den drei Westsektoren Berlins von der Deutschen Reichsbahn betrieben (Fernbahnnetz, Bahnhöfe, Betriebswerke und Verwaltungseinrichtungen der Bahn) inklusive der Gesamtberliner S-Bahn. Die Verantwortlichen in der DDR waren sich nicht sicher, ob sie in West-Berlin die Betriebsrechte behalten würden, wenn sich der Name der Deutschen Reichsbahn änderte, weil die Westalliierten nur ihr die Betriebsrechte gewährt hatten. Es bestand die Befürchtung, dass einer DDR-Staatsbahn, wie auch immer sie firmiert hätte, die Rechte hätten verweigert werden können. Für die DDR war es auch propagandistisch wichtig, die DR-Strecken in West-Berlin als eigenes Territorium zu deklarieren. Dies führte bis zur Wiedervereinigung 1990 immer wieder zu Streitigkeiten zwischen östlichen, westlichen und alliierten Behörden wegen unterschiedlicher Rechtsauffassungen. Auch spielten Vermögenswerte der DR im Ausland im Streit zwischen DB und DR hinsichtlich der Beibehaltung des Namens eine Rolle. Damit ergab sich die Situation, dass Militärzüge der westlichen Besatzungsmächte in Berlin von der Deutschen Reichsbahn der DDR befördert werden mussten – und das mitten im Kalten Krieg!

Trotz des Betriebs der Bahnanlagen in Westberlin durch die Reichsbahn gab es ab 1961 einen beispiellosen materiellen und moralischen Niedergang der Bahn im Westteil. Der Transitverkehr nach Westdeutschland nahm nie den Umfang an, den er auf diesen Relationen vor dem Zweiten Weltkrieg hatte. Durch das marode Streckennetz gestaltete sich die reine Fahrzeit ohne Grenzkontrollen zwischen Hamburg und Berlin wie um die Jahrhundertwende. Reisezeiten, wie sie der Fliegende Hamburger in den 1930er-Jahren erreicht hatte, blieben unerreicht und konnten erst wieder mit dem ICE um die Jahrtausendwende nach massiven Investitionen in die Infrastruktur erreicht werden. Bedingt durch den De-facto-Wegfall der Fernverbindungen gab es auch einen beispiellosen Niedergang der einst mächtigen Fernbahnhöfe in Berlin. Trauriger Höhepunkt des Nieder-

Seine Bedeutung als Eisenbahnstadt festigt Berlin alle zwei Jahre durch die weltweit bedeutende Leitmesse Innotrans, auf der neben neuen Fahrzeugen auch alle anderen Bereiche der Bahn vertreten sind. Foto: Korbinian Fleischer

gangs war die Sprengung des legendären Anhalter Bahnhofs im Jahr 1961.
Die Schienenwelt von Berlin haben wir in zwei Bände geteilt: Der vorliegende Band behandelt die Eisenbahn in der Hauptstadt. Der folgende Band befasst sich mit der S-Bahn und und mit den Straßen- und U-Bahnen. Die Entwicklung und Veränderung des Schienenverkehrs in Berlin ist sehr umfangreich weshalb, wir zu diesem spannenden Thema zwei Bücher produzieren. Alleine die Teilung der Stadt mit der Teilung der Schienenwege ist ein umfassendes und spannendes Thema.
Über 30 Jahre nach dem Mauerfall ist diese einst unüberwindliche Grenze längst Vergangenheit und oft nur noch mittels Kartenmaterial, wie zum Beispiel unter www.berlin.de/mauer/verlauf/uebersichtskarte, nachvollziehbar. Längst sind die größten Wunden der Stadtteilung geheilt, wie man im Kapitel Grenzbahnhöfe sehen kann.
Ganz im Gegensatz zu den großen Fernbahnhöfen, die als Ruinen nach dem Krieg noch in Betrieb waren. Sie sind zu großen Teilen verschwunden. Verschwunden ist auch der umfangreiche Güterverkehr, der auch in den 1980er-Jahren noch im Westteil der Stadt durch die Reichsbahn durchgeführt wurde. Fast alle Anschluss- und Industriebahnen liegen brach oder sind nicht mehr vorhanden. Den Gütertransport hat der Lkw zu 98 % übernommen. Ganz im Gegenteil zum leider fast nicht mehr vorhandenen Güterverkehr hat der Regionalverkehr eine Renaissance erlebt. Noch nie in der Geschichte von Berlin waren tagtäglich so viele Züge zusätzlich zum dichten S-Bahn-Verkehr im Einsatz. Insbesondere die Stadtbahnstrecke ist nach der grundlegenden Sanierung sehr dicht befahren. Wir freuen uns sehr, Sie auf ganz unterschiedliche spannende Zeitreisen in unserer Hauptstadt mitnehmen zu dürfen. Wir haben immer darauf geachtet, dass in den aktuellen Fotos immer Wiedererkennungsmerkmale zu sehen sind. Ausnahmen bestätigen auch hier die Regel. Bewusst eingeschränkt haben wir uns beim Alter der historischen Aufnahmen. Wir beginnen mit den Zeitreisen erst im Jahr 1945, also mit dem nahen Ende des Zweiten Weltkriegs. Auch haben wir bei der Bildauswahl bewusst auf Fotos des zerstörten Berlins verzichtet. Damit möchten wir erreichen, dass nicht die Kriegszerstörungen an Gebäuden und der Infrastruktur hier im Mittelpunkt stehen, sondern die Veränderungen der letzten 50 Jahre.

Bodo Schulz

Güterverkehr wird in Berlin auch durch zahlreiche Privatbahnen durchgeführt. Havelländische Eisenbahn AG (HVLE) lautet seit dem Jahr 2006 der Name eines Eisenbahnverkehrs- und Eisenbahninfrastrukturunternehmens, das im Jahr 1892 unter der Firma AG Osthavelländische Kreisbahnen in Nauen in der Provinz Brandenburg gegründet worden ist. Der Unternehmensschwerpunkt liegt im Güterverkehr. Darüber hinaus ist die HVLE in den Tätigkeitsfeldern Baulogistik, Werkstattservice und Anschlussbahnverkehr tätig.

Korbinian Fleischer

Eine Hälfte der Siemens-Schnellfahrlok, die bis in die 80er-Jahre als Industrielok auf der Siemens-Industriebahn im Einsatz war, hat ihren Weg ins Technikmuseum Berlin gefunden.

Die Autoren und Fotografen

Burkhard Wollny,

gebürtiger Freiburger (Jahrgang 1950), machte seine ersten Bahnerfahrungen an der badischen Höllentalbahn. In seinem späteren Wohnort Stuttgart entdeckte er ab Mitte der 1960er-Jahre die damals noch zahlreich eingesetzten Dampfloks der Bundesbahn und hielt ihre letzten Einsätze mit der Fotokamera fest. Schon Mitte der 1970er-Jahre machte er die ersten Fototouren in die damalige DDR. Wollnys meisterhafte „Schüsse" wurden bald gefragte Motive in vielen Eisenbahnpublikationen. Sein Bildarchiv umfasst inzwischen mehrere 100 000 Aufnahmen.

Korbinian Fleischer

Hermann Kuom,

Jahrgang 1947 und gebürtiger Stuttgarter, hatte schon früh das Interesse zur Eisenbahn gepackt. Bereits in jungen Jahren war ein Ausflug zum Stuttgarter Hauptbahnhof das Größte, was man sich vorstellen konnte. Die damals modernen Traktionsarten wie E 10 und V 200 begeisterten ihn zuerst, aber bald schon sollten die bereits seltenen dampfgeführten Züge mit P 10 oder 01er weitaus wichtiger sein, die unbedingt mit einer (einfachen) Kamera festgehalten werden mussten.

Die berufliche Laufbahn begann 1964 mit einer Ausbildung bei der DB und die Möglichkeiten, mit preiswerten Fahrkarten durch Deutschland zu reisen und zu fotografieren, wurde intensiv genutzt. Bei mehreren Berlin-Besuchen in den Jahren 1965 bis 1967 entstanden unzählige wichtige Lokaufnahmen der Deutschen Reichsbahn.

Ein Studium der Elektrotechnik schloss sich an und eine Anstellung 1972 bei der damaligen AEG-Bahnabteilung in Berlin war die logische Konsequenz. Ab diesem Jahr konnte man durch den Grundlagenvertrag als Westberliner Tagesreisen nach Ostberlin und in das Umland beantragen, was zu weiteren wichtigen Aufnahmen führte. Ein umfangreiches Archiv mit Dampflok-, Ellok- und Nahverkehrsaufnahmen war die Folge.

Heute ist der Rückblick zu den früheren Aufnahmen besonders reizvoll, was ja auch in diesem Buch dokumentiert werden soll.

Burkhard Wollny

Karsten Risch

wurde im Jahr 1948 in Berlin-Lichterfelde geboren und ist seit seinem 5. Lebensjahr ein begeisterter Modelleisenbahner. 1976 heiratete er seine Frau Sabine mit der er zwei Töchter großgezogen hat, die heute ihre eigenen kleinen Familien haben. Nach dem Studium der Elektrotechnik war er ab 1973 in der AEG-Bahnabteilung tätig. Nach einigen Jahren wechselte er zu den Berliner Verkehrsbetrieben. Seine Hauptaufgabe dort war die Beschaffung der neuen Generation der F-Züge mit Drehstrom-Antriebstechnik. Nach dem Zusammenschluss von BVG (West) und BVB (Ost) kam er zur Straßenbahn nach Berlin-Lichtenberg. Bis zum Renteneintritt war er der zuständige Leiter für die Fahrzeugtechnik. Modernisiert bzw. beschafft wurden unter seiner Leitung die 452 TATRA-Fahrzeuge, sowie alle aktuell fahrenden Niederflurfahrzeuge vom GT6 bis zu den Flexity-Fahrzeugen.
Ab dem Jahr 1973 wurde die Welt der Eisenbahn als fotografisches Objekt der Begierde durch Kollegen angestachelt. Fototouren zu den Dampflokomotiven der DB und in der DDR zur DR waren an der Tagesordnung. Alle entstandenen Fotos, es sind fast 100.000, sind digitalisiert und an die Deutsche Eisenbahnstiftung übergeben.

Korbinian Fleischer,

geboren 1981, wurde schon in frühester Kindheit vom Eisenbahnvirus befallen. Mit 13 Jahren wurde er Mitglied bei den Ulmer Eisenbahnfreunden und übte dort (fast) alle Tätigkeiten bis zum ersten Vorsitzenden aus, die in einem Eisenbahnverein anfallen.
Der gelernte Verlagskaufmann konnte sein Hobby zum Beruf machen, als 2010 ein Volontär für die Zeitschrift Modelleisenbahner gesucht wurde.
Seit 2011 ist er als Redakteur bei der Verlagsgruppe Bahn (VGB) tätig. Zusammen mit namhaften Autoren betreut er die Reihe „Schienenwege einst und jetzt", die mit der Übernahme der VGB bei GeraMond erscheint.

Hauptschlagader Stadtbahn Berlin

„Eine großartige Anlage, ein gewaltiges Verkehrsmittel, was Berlins ganzen Charakter verändert und ihm endgültig das Gepräge einer Weltstadt verleiht", so pries der Schriftsteller Georg Brandes die Stadtbahn kurz nach ihrer Vollendung 1882. Ohne das 12 Kilometer lange Bauwerk lässt sich Berlin ebenso schwer vorstellen wie ohne die Spree mit ihren zahlreichen Kanälen. Von 1898 bis 2006 gab es Fernverkehrsfahrkarten, die als Zielbahnhof „Berlin Stadtbahn" hatten. Dieses Alleinstellungsmerkmal verschwand mit Eröffnung des Berliner Hauptbahnhofs, der an die Stelle des alten Lehrter Stadtbahnhofs getreten war. Seit Eröffnung der Berliner Stadtbahnstrecke 1882 war die Strecke die Hauptschlagader im Bahnverkehr in Berlin. Insgesamt verläuft die Strecke über 731 gemauerte Viaduktbögen, die sogenannten Stadtbahnbögen. Sie liegen zwischen den Bahnhöfen Ostbahnhof (früher Schlesischer Bahnhof) und dem S-Bahnhof Savignyplatz. Seit 1882 dient die 4-gleisige Strecke neben dem Nahverkehr auch dem Schnellzugverkehr, während Güterzüge zu keinem Zeitpunkt planmäßig die Linie nutzten. 1928 wurde der elektrische S-Bahn-Verkehr mittels Stromschiene aufgenommen, wie er noch heute durchgeführt wird. Die Züge von außerhalb fuhren aber nach wie vor mit Dampf. Für die schweren Schnellzugloks der Baureihe 01 wurden Brücken getauscht und die Stadtbahnbögen verstärkt. Im Zweiten Weltkrieg wurde die Stadtbahn beschädigt, aber immer wieder zügig repariert. Schon zur Potsdamer Konferenz nutzte sogar Stalin die Strecke. Extra für diesen Anlass wurde ein Gleis auf russische Breitspur (1524 mm) umgebaut. Nach dem Zweiten Weltkrieg trennte die Grenze die Hauptschlagader. Als Grenzbahnhof fungierte Berlin-Friedrichsstraße. Von dort verkehrten auch die Transitzüge durch die DDR in die Bundesrepublik Deutschland. Mit dem Mauerfall und dem Ende der DDR entwickelte sich die Stadtbahn wieder zur wichtigsten Strecke in Berlin. Von 1994 bis 1998 wurde die Strecke gründlich saniert und die beiden Fernverkehrsgleise elektrifiziert. Seit 1993 erreicht auch der ICE auf den erhöhten Gleisen Berlin. Eine Entlastung ergab es sich erst mit der Eröffnung des neuen Hauptbahnhofs, der neben der Ost-West-Verbindung auch in Nord-Süd-Richtung bedient wird.

Hermann Kuom (Juli 1990)

Die

Berliner Stadtbahn.

Linie — Bau — Betrieb.

Von einem Techniker.

Berlin 1883.

Polytechnische Buchhandlung A. Seydel

Leipziger Straße 8.

Sammlung Korbinian Fleischer

Hermann Kuom

Linke Seite: Noch vor der deutschen Wiedervereinigung am 3. Oktober 1990 nahm der Ost-West-Verkehr auf der Stadtbahn stark zu. Die Infrastruktur wurde jedoch über Jahrzehnte nur notdürftig repariert und instandgehalten, so dass eine umfassende Sanierung der Strecke in den 1990er-Jahren erforderlich wurde. Im August 1990 muss ein westwärts fahrender Zug auf einen Gegenzug warten, weil der vorliegende Abschnitt nur eingleisig für Fernzüge befahrbar war.

Mit einem Sonderzug ist die Dresdner Dampflok 03 001 auf der Stadtbahn mit ihren markanten Viaduktbögen unterwegs. Die Dampflok ist auch im Jahr 2021 noch erhalten, allerdings nicht mehr betriebsfähig.

Der Einsatz von schwerölgefeuerten Schnellzugdampfloks der Baureihe 01.5 auf der Stadtbahn durch Berlin war in der zweiten Hälfte der 1970er-Jahre, als in der Bundesrepublik längst keine Schnellzugdampfloks mehr im Einsatz waren, für Eisenbahnfreunde besonders interessant.

Wolfram Müller

Burkhard Wollny

12. Juli
1976

Die Berliner Stadtbahn beginnt im **Bahnhof Berlin-Charlottenburg.** Charlottenburg wurde 1705 als eigenständige Stadt gegründet und erst 1920 zu Groß-Berlin eingemeindet. Der heutige Bahnhof wurde 1882 eröffnet. Das alte Empfangsgebäude wurde im Zweiten Weltkrieg massiv beschädigt und anschließend nur provisorisch repariert. 1971 wurde es durch einen Neubau ersetzt. Seit Ende des Zweiten Weltkriegs bis zum Abzug der Alliierten aus Deutschland gab es auch im Bahnhof Charlottenburg den Alliierten vorbehaltenes exterritoriales Gebiet mit eigenem Bahnsteig und eigenen Zugängen. Der Bahnhof wurde im Rahmen der Sanierung der Stadtbahnstrecke behutsam modernisiert.

Korbinian Fleischer

17. April
2021

1. März
1984

Der **Bahnhof Savignyplatz** ist der erste Bahnhof auf der eigentlichen Stadtbahnstrecke, die am Bahnhof Berlin-Charlottenburg beginnt, und gleichzeitig der jüngste Bahnhof auf der bekannten Strecke. Um das neue Wohngebiet um den Savignyplatz zu erschließen, wurde der Bahnhof 1886 an dieser Stelle eröffnet. Den französischen Namen spricht man in Berlin übrigens nicht so aus, wie es in Frankreich üblich wäre, sondern „Saveniplatz". In den über drei Jahrzehnten, die zwischen den beiden Fotos ins Land gegangen sind, hat sich nicht so furchtbar viel geändert. Schon damals gab es Dampfloks auf der Stadtbahn nur mit Museumszügen, was heute leider nicht mehr genehmigt wird. Bemerkenswert ist natürlich, dass die historischen Züge ebenfalls von der DDR-Reichsbahn in West-Berlin durchgeführt wurden. Ebenfalls interessant: Die Gaslaternen waren schon einmal weg und sind nun wieder vorhanden!

Hermann Kuom

1. Juni
2020

Korbinian Fleischer

12. Juni
1976

Burkhard Wollny

Der **Bahnhof Savignyplatz** liegt nun hinter uns. Aus einem Treppenhaus in der Grolmanstraße hat man einen ausgezeichneten Ausblick auf die Stadtbahngleise und die West-Berliner Architektur, die geprägt ist von modernen Betonbauten kombiniert mit Altbauten, wie sie Teile der Eisenbahn säumen. Während bis zur Eröffnung des neuen Hauptbahnhofs alle Fernverkehrszüge von Westen über die Stadtbahn rollten, so sind es heute mehrheitlich Regional- und S-Bahnen. Dampfloks dürfen die Gleise aufgrund der Rauchmeldeanlagen übrigens nicht mehr befahren. Schön kann man die gemauerten Viaduktbögen der Bahntrasse erkennen, die heute von einer Betondecke vor von oben eindringender Feuchtigkeit geschützt werden. Vor der Sanierung der Strecke war die Abdichtung der Mauerwerke nach oben ein großes Problem und verantwortlich für die großen Schäden an den Backsteinausmauerungen.

Burkhard Wollny

5. April
2020

20. September
1988

Hermann Kuom

Der **Bahnhof Berlin-Zoologischer Garten** hat auch fast 40 Jahre nach dem verfilmten Buch „Wir Kinder vom Bahnhof Zoo“ seine Image als Drogenumschlagplatz nicht abgeschüttelt. Das Buch wurde zum erfolgreichsten deutschen Sachbuch der Nachkriegszeit, die Verfilmung mit Natja Brunckhorst in der Hauptrolle als Christiane F. hat Kultcharakter erhalten und dokumentiert die Berliner Drogenszene in den frühen 1980er-Jahren. Insbesondere bei Dunkelheit kommen einem die Motive aus dem Film sofort wieder ins Gedächtnis, auch wenn die Szenen nicht am Bahnsteig spielten. Dort hat sich in über 30 Jahren außer der Elektrifizierung und dem neuen Warteraum wenig verändert. Im Gegensatz zum Triebwagen 175 015, dem heutigen Museumszug aus Berlin-Lichtenberg, rauscht der ICE heute ohne Halt durch den großen Bahnhof. Die Schnelltriebwagen der DR wurden zuletzt auf der Verbindung Bahnhof Berlin Zoologischer Garten–Leipzig Hauptbahnhof zur Leipziger Messe planmäßig eingesetzt.

17. Mai
2020

Korbinian Fleischer

Hermann Kuom

27. Juli
1990

Nun sind wir eine Station weiter und erreichen den **Bahnhof Berlin Zoologischer Garten**. Dieser Bahnhof war während der deutschen Teilung der wichtigste Bahnhof in West-Berlin. Seit 2006 halten allerdings keine hochwertigen Fernverkehrszüge der DB im westlichen Zentrum Berlins. Eine Fachzeitschrift der Verkehrspolitik kommentierte dies damals wie folgt: „Erziehungsversuche" der Bahnkunden sind vergeblich, sie sind mehrheitlich volljährig und suchen sich das für sie beste Angebot aus. Die DB hat nicht aus Fehlern der Vergangenheit wie der Abschaffung des InterRegio oder des neuen Preissystems gelernt". Inzwischen gibt es mit dem Flix-Train wieder einen Fernverkehrzug. Noch bessere Zeiten sah der Bahnhof, als 1990 als erster Inter-City ein alter Bundesbahn-TEE-Triebwagen von der Reichsbahn angemietet und auf der Strecke nach Hamburg eingesetzt wurde. Vom 1. August an fuhr der einstige TEE nach Hamburg und zurück. Die einfache Fahrt dauerte rund vier Stunden; heute schafft es der moderne ICE in gut 90 Minuten. Ein „richtiger" Inter-City war aber auch der „falsche" TEE nicht. Es gab keinen festen Takt, sondern nur eine Fahrt pro Tag – mit Plätzen in der 1. und 2. Klasse. Der Betrieb war aufwendig; an Bord mussten immer zwei Lokführer sein. Einer fuhr den Zug, der andere kümmerte sich um die Technik. Vor allem an den ersten Tagen hatte der Mechaniker viel zu tun, später lief der Oldtimer dann fast störungsfrei, wie Lokführer von damals berichten. Am 30. September 1990 endete der Einsatz; die Aufgabe übernahmen nun Loks mit Wagen – ohne den alten TEE-Glanz.

Sammlung Korbinian Fleischer

Stadtmitte ist da, wo keine Fernverkehrszüge mehr halten. Berlin-Zoologischer Garten hat mit der Eröffnung des neuen Hauptbahnhofs massiv verloren. Sammlung: Korbinian Fleischer

20. Juli **2020**

Burkhard Wollny

Burkhard Wollny

12. Juli **1976**

4. April **2020**

Burkhard Wollny

Bleiben wir noch für eine Szene am Bahnhof **Berlin-Zoologischer Garten**. Der Schnellzug mit 01 0514-0 war in den 1980er-Jahren dort keine Besonderheit, denn die Eisenbahn in West-Berlin wurde von der Deutschen Reichsbahn der DDR betrieben. Dies wurde im Potsdamer Viermächteabkommen geregelt und war bis zur Wiedervereinigung 1990 der Fall. Einzig der S-Bahn-Betrieb wechselte 1984 zur Westberliner BVG. Solange Berlin eine geteilte Stadt war, herrschte im und am Bahnhof Zoo Hochbetrieb. Er war der wichtigste Verkehrsknotenpunkt für den Personenfernverkehr im Westen der Stadt. Bis 2006 blieb der Bahnhof an den Fernverkehr angebunden. Im Zuge der Fußball-Weltmeisterschaft hat der neue Hauptbahnhof diese Aufgabe übernommen. Ab Frühjahr 2015 modernisierte die Bahn die Freiluftterrassen am Bahnhof Zoo. Sie sind eine hundert Meter lange Restaurant-Etage und werden nach historischem Vorbild renoviert. Weitere Umbauten im Innern des Bahnhofs folgten.

Burkhard Wollny

19. August **2020**

Nun erreichen wir das Hansaviertel im Berliner Bezirk Mitte. Der Bahnhof **Berlin Bellevue** liegt in der Nähe des Schlosses Bellevue, dem Amtssitz des deutschen Bundespräsidenten. Neben dem Bahnhof Hackescher Markt gehört Bellevue zu den letzten beiden Bahnhöfen der Stadtbahn, die in ihrem ursprünglichen Zustand erhalten sind. Ihr Architekt war der Hochschullehrer Johann Eduard Jacobsthal. Bei Eisenbahnfreunden ist die Sicht vom Bahnsteig auf die Stadtbahngleise mit ihren angrenzenden Stadthäusern vom Bahnsteigende in Richtung Westen besonders beliebt. Bis auf die Elektrifizierung der Stadtbahn in den 1990er-Jahren hat sich am Bild der Eisenbahn wenig verändert.

13. September **1978**

Burkhard Wollny

Burkhard Wollny

19. Juli
1968

16. Februar
1984

Bodo Schulz

Burkhard Wollny

19. August
2020

Zwischen den Bahnhöfen Berlin-Zoologischer Garten und dem S-Bahn-Halt Bellevue liegt **Bahnhof Tiergarten**, der ausschließlich nur mit der S-Bahn erreichbar ist. Aber vom Bahnsteig hatte man schon immer eine gute Perspektive auf durchfahrende Fernverkehrszüge auf den Stadtbahngleisen. Der Bahnhof selbst entstand 1885 drei Jahre nach Eröffnung der Stadtbahn. 1936 wurde die ursprüngliche Bahnsteighalle abgebrochen und einfache Bahnsteigdächer im Stil der NS-Architektur errichtet, die noch heute das Aussehen der denkmalgeschützten Station prägen. Legendär waren nicht nur die Schnellzüge mit den Altbau-01-Dampfloks, sondern auch der Dienstpendelzug der Arbeiter der Deutschen Reichsbahn, die zwar in Ost-Berlin wohnten, aber in West-Berlin arbeiteten.

Karsten Risch

10. Januar **1976**

Direkt an der Stadtbahn, von Westen kommend kurz vor dem **Lehrter Bahnhof,** steht ein kleines Fachwerkhaus, das seit 1987 den Namen PARIS-MOSKAU führt. Es wurde 1898 auf dem Grund der preußischen Staatsbahn, unweit der Moltkebrücke und des Reichstages, errichtet. 1945 ging das Haus in neue Hände über, nachdem es fast als einziges Gebäude der Umgebung, den erbitterten Kampf um den Reichstag unbeschädigt überstanden hatte. Die dritte Besitzerin, die legendäre „Mutter Busch", betrieb die Kneipe bis 1975 als „Schultheiss-Klause". Heute ist das PARIS-MOSKAU eine Gaststätte mit einem reichhaltigen Angebot an frischen Speisen. Rund um das Haus gab es in den letzten Jahren massive Veränderungen. Beginnend mit der Sanierung der Stadtbahn und dem Neubau des Hauptbahnhofs bis hin zur Errichtung des Bundestages und seiner Nebengebäude ist es inzwischen ein Zeitzeuge der alten Berliner Zeit.

Burkhard Wollny

5. April **2020**

Und nun sind wir am neuen **Berliner Hauptbahnhof** angekommen. Zur Orientierung: Wir stehen am Bahnsteig für die Fern- und Regionalzüge und blicken in Richtung Osten. Direkt unter uns liegt der Humboldthafen, an dessen westlicher Hafenmauer die Sektorengrenze zwischen Ost und West verlief. Aufgrund dieser Tatsache verfiel diese Gegend für Jahrzehnte in einen regelrechten Dornröschenschlaf. Am 24. August 1961 kam hier Günter Litfin als erstes Todesopfer an der Berliner Mauer beim Durchschwimmen durch Schüsse ums Leben. Die Stadtbahnstrecke überquert den Hafen mittels einer Brücke direkt am Bahnhof. Aufgrund des Neubaus des Hauptbahnhofs an Stelle des alten Lehrter Stadtbahnhofs wurde auch die Humboldthafenbrücke neu gebaut. Dabei wurde die Strecke auch leicht begradigt. Die exakten Veränderungen werden auf der nächsten Doppelseite ersichtlich. Die historische Aufnahme von 1994 zeigt noch einen der letzten Sonderzüge auf der Stadtbahnstrecke vor deren Sanierung. Zum internationalen Golf-Turnier Mercedes German Masters setzte die noch junge Deutsche Bahn AG extra Sonderzüge zwischen Berlin-Zoologischer Garten über die Stadtbahn nach Motzen ein, die aus den frisch überarbeiteten Dieselloks der Baureihe 229 und modernisierten Reichsbahn-Doppelstockwagen der Bauart Dbzua gebildet wurden. Inzwischen gehören die Nachfolgebauarten der Reichsbahn-Doppelstockzüge zum gewohnten Bild auf den Gleisen.

Korbinian Fleischer

17. Mai **2020**

20. September **1994**

Hermann Kuom

Korbinian Fleischer

Durch die Begradigung der Stadtbahn mit dem Neubau des **Hauptbahnhofs** und Abriss des alten **Lehrter Stadtbahnhofs** veränderte sich die Streckenführung etwas. Die beiden Fotos zeigen die Stadtbahngleise. Auf der aktuellen Aufnahme verliefen die Gleise der Stadtbahn früher links der heutigen Fahrbahn. Durch den Bau des Hauptbahnhofs wurde die ganze Region aufgewertet. Kritiker bemängeln, dass der Hauptbahnhof weit fernab der Berliner Zentren entstanden ist. Das ist sicherlich richtig. Aber nur dort war Platz für den Bau dieser großen Anlage, die nicht nur die Stadtbahngleise beinhaltet, sondern auch noch in Nord-Süd-Richtung unterirdisch bedient wird. Der Großteil des Fernverkehrs nutzt heute den Tiefbahnhof. Unwiederbringlich verloren ging mit dem Neubau auch der alte Stadtbahnhof, der das letzte Überbleibsel des alten Lehrter Bahnhofs war. In unmittelbarer Nähe des Lehrter Bahnhofs befand sich der Hamburger Bahnhof, dessen Empfangsgebäude noch vorhanden ist.

19. Juni
1974

Burkhard Wollny

Burkhard Wollny

5. April
2018

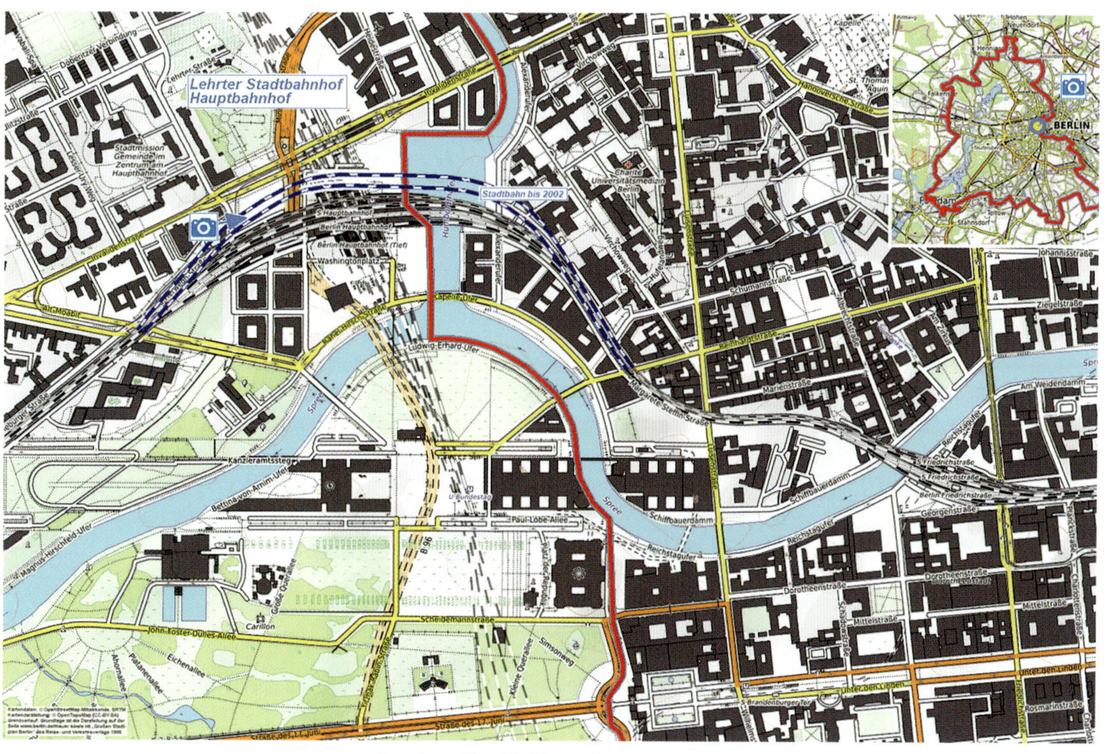

OpenStreetMap-Mitwirkende SRTM – Kartendarstellung OpenTopoMap (CC-BY-SA) Andreas Illgen

Peter Schiffer

25. August **1976**

Östlich vom **Lehrter Stadtbahnhof** beziehungsweise dem heutigen **Hauptbahnhof** kam die Stadtbahn unmittelbar nach Überquerung des Spandauer Schifffahrtskanals auf Ostberliner Gemarkung. Nach der Wiedervereinigung bis zur Eröffnung des neuen Bahnhofs glich dieser Teil Berlins mehr einer Brachfläche als einer Großstadt. Durch die neuen Regierungsgebäude, neue Hotel- und Bürogebäude wurde der Bereich inzwischen deutlich aufgewertet, auch wenn man nun keinen Blick mehr auf die Stadtbahngleise hat. Zur Orientierung ist auf beiden Fotos der Ostberliner Fernsehturm zu sehen.

Korbinian Fleischer

17. Mai **2020**

Gerhard Rieger

30. Mai **1994**

Kurz vor dem Bahnhof **Berlin-Friedrichsstraße** überquert die Stadtbahn die Spree. Wir befinden uns nun im Zentrum Ostberlins. Zwar war der Bahnhof die Grenzstation zu West-Berlin, lag aber nicht direkt an der Grenze. 1994 waren die Zeiten der unüberwindbaren Berliner Mauer schon vorbei. Die bevorstehenden Sanierungen der Stadtbahn, der Gebäude und Straßen sollte das Bild in den kommenden Jahren noch intensiv prägen. Das Ergebnis kann sich jedoch sehen lassen. Die Uferpromenade an der Spree hat sich zu einem beliebten Treffpunkt mit Cafés und Restaurants entwickelt. Insbesondere um die Mittagszeit, wenn die Büroangestellten Mittagspause machen, sind die besten Plätze schnell vergeben.

8. Mai **2020**

Korbinian Fleischer

Burkhard Wollny

26. August
2020

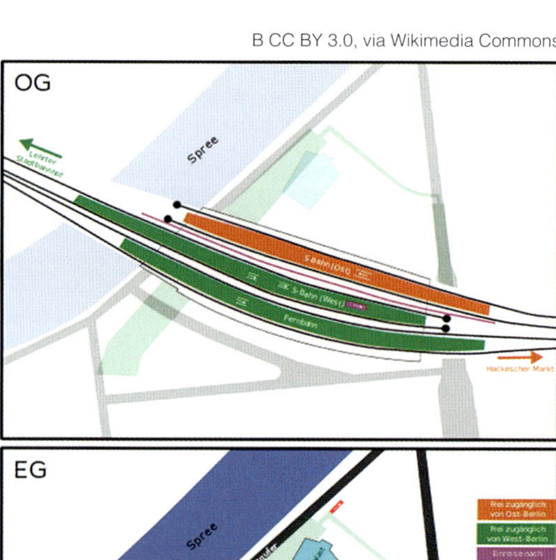

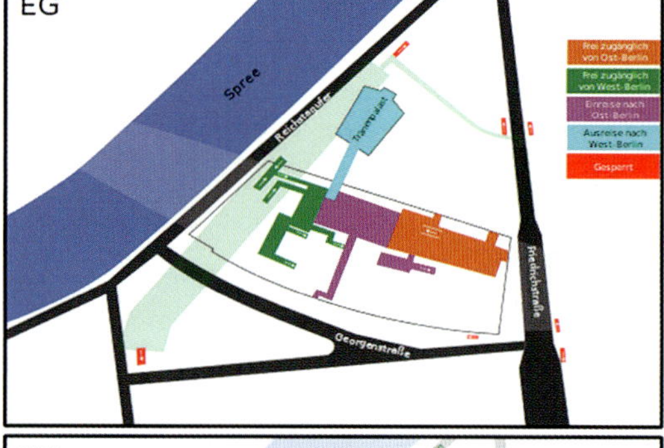

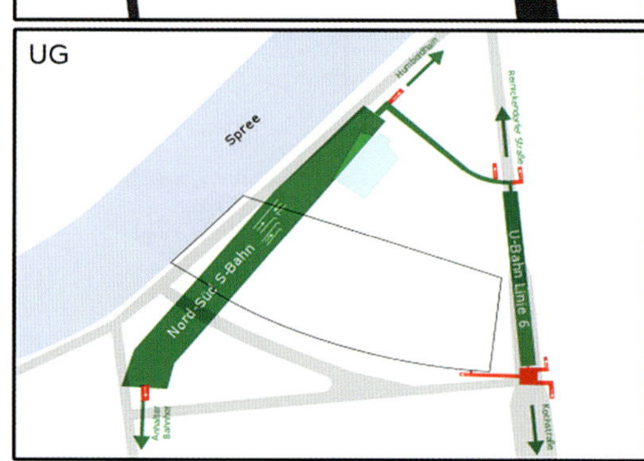

Die Einreise nach Ost-Berlin erfolgte über die Bahnhofsanlagen des **Bahnhofs Friedrichstraße**. Im Gegensatz zu anderen Grenzübergangsstellen war dieser Grenzübergang für alle Nationalitäten geöffnet, also nicht nur für West-Berliner, sondern auch für BRD-Bürger und Ausländer. Die Übergangsstelle war nicht durchgehend geöffnet. Für West-Berliner erfolgte ca. in den 1980er-Jahren eine Verlängerung bis 2 Uhr früh. Der Ostteil des Bahnhofs war durch die Mauer links im Bild verdeckt und nur über die Grenzübergangsstelle erreichbar. Nichts von der bedrückenden Atmosphäre hat es bis in die Gegenwart geschafft: Gleis 3 und 4 sind inzwischen völlig normale Bahnsteiggleise für Züge nach Ost und West.

Hermann Kuom

12. Juni **1991**

30. Mai **1994**

Gerhard Rieger

Burkhard Wollny

19. August **2016**

Bleiben wir noch ein wenig im und am Bahnhof **Berlin-Friedrichstraße**. Auf der Ostseite, in der kleineren, nördlich gelegenen Halle, diente der Bahnsteig C der Ost-Berliner S-Bahn als Kopfstation für die Züge Richtung Osten. Dieser Bahnsteig war gegen Grenzdurchbrüche massiv gesichert. So waren die S-Bahn-Gleise beider Teilsysteme voneinander getrennt, das Kehrgleis 7 des Ostsystems auf der Westseite durfte nur in Ausnahmefällen und mit Genehmigung des Kommandanten der Grenzübergangsstelle benutzt werden. Für den Fahrzeugtausch der beiden von der Reichsbahn betriebenen S-Bahn-Netze waren die Ferngleise ebenfalls mit einer Stromschiene ausgerüstet, wobei diese Gleise natürlich besonders gesichert waren. Beide Vergleichsaufnahmen entstanden nach der Wiedervereinigung, als die traurigen Zeiten des Grenzbahnhofs schon überwunden waren. Auf dem historischen Foto sieht man den Bahnhof vor der Sanierung der Stadtbahn, die jüngere Aufnahme zeigt den bereits grundsanierten Bahnsteig mit seinen Gleisanlagen.

Gerhard Greß

3. September **1968**

Ruth Stier | Historische Sammlung der Deutschen Bahn AG

2. Juli **1958**

Korbinian Fleischer

7. Mai **2020**

Zu den bekanntesten Eisenbahn-Fotomotiven gehört die eigentliche **Friedrichstraße** am gleichnamigen Bahnhof. Überregional bekannt sind die Aufnahmen aus der pulsierenden Zeit der 1920er-Jahre. Doch auch in den nachfolgenden Jahren war diese Straße immer gut frequentiert. 1958 präsentierte die Reichsbahn auf den geräumten Freiflächen den neuen VT 2.09, der ab 1970 als Baureihe 171/172 bezeichnet wurde. Die Grenze nach Westberlin ist noch durchlässig, so dass auch West-Fahrzeuge wie der Mercedes-Lkw noch zum alltäglichen Bild auf der Straße gehören. 1968 war die Grenze bereits seit sieben Jahren unüberwindbar. Als Gerhard Greß die historische Schwarz-Weiß-Aufnahme anfertigte, war gerade ein Schnellzug mit 03 096 im Bahnhof angekommen. Auf der Straße waren häufig die Kleinlieferwagen Robur Garant aus dem volkseigenen Betrieb, den Robur-Werken Zittau, zu sehen. Nach der Wiedervereinigung entstanden entlang der Friedrichstraße viele neue Bürogebäude. Auch die Straßenbahn befährt nun wieder die Straße auf einem Teilstück.

Gerhard Greß

3. Juni **1990**

7. Mai **2019**

Korbinian Fleischer

Ein letztes Foto aus **Berlin-Friedrichstraße**, bevor wir unsere Fahrt gen Ostbahnhof fortsetzen. Im Juni 1990 wurde die Stadtbahnstrecke behelfsmäßig ertüchtigt, um den geänderten Verkehrsbedürfnissen Rechnung tragen zu können und auch wieder direkte Züge Ost-West einsetzen zu können. Aus heutiger Sicht antiquarisch wirkt der Schienenkran 80/1 der Deutschen Reichsbahn, der damals im Einsatz war. Auch er hat übrigens bei der Gramzower Museums-Bahn die Nachwende-Wirrungen unbeschadet überstanden. Ganz im Gegensatz zum Stellwerk „Frio", das mit der grundlegenden Sanierung der Stadtbahn dem Erdboden gleich gemacht wurde. Die aktuelle Aufnahme zieht den Flixtrain nach Stuttgart, dazwischen etliche Essigbäume, die den Gleisanlagen einen etwas ungepflegten Touch verleihen.

Direkt hinter dem Bahnhof Friedrichstraße folgt die S-Bahn-Station **Hackescher Markt**. Vom Bahnsteig aus hat man in Richtung Westen eine schöne Aussicht auf die markanten Gebäude der Museumsinsel. Die historische Aufnahme zeigt schon die Anfänge der Stadtbahnsanierungsarbeiten. Der Zug mit der Diesellok 229 144 mit IC 177 erreicht bald Berlin Ostbahnhof. An diesem Tag wurde der Zug außerplanmäßig mit Reichsbahn-Waggons gebildet. Am Hackeschen Markt hat sich indies relativ wenig verändert, nur dass inzwischen Elektroloks und -triebwagen den Bahnbetrieb übernommen haben. Die Baureihe 229 entstand übrigens 1992 bei Krupp in Essen als Neubau in der Hülle der Reichsbahn-219, die in Rumänien gebaut wurden. Diese quasi Neubauloks wurden für den schnellen IC-Verkehr benötigt. 229 144 brannte allerdings im Juni 2000 in Neudietendorf aus und wurde anschließend verschrottet.

Burkhard Wollny

20. Januar **2020**

30. Mai **1994**

Gerhard Rieger

Burkhard Wollny

12. Juni **1994**

7. April
2020

Burkhard Wollny

Als nächste Station erreichen wir auf der Stadtbahn in Richtung Osten den **Bahnhof Alexanderplatz**, an dem aktuell neben den S-Bahnen auch Regionalzüge halten. Der Bildvergleich macht deutlich, wie sehr Oberleitungsanlagen das Bild der Eisenbahn verändern. Die Berliner S-Bahn fährt bekanntlich seit jeher mit Strom aus der seitlich zu den Gleisen verlaufenden Stromschiene, während die anderen Züge ihre Energie aus der Oberleitung beziehen müssen. Inzwischen ist auch der DDR-Flair mit der Straßenlampe „Leipziger Tropfen" links auf der historischen Aufnahme verschwunden. Die Altstadthäuser wurden saniert und eine kriegsbedingte Lücke wurde durch einen Neubau geschlossen. Auf dem Bild von 1994 sieht man außerdem die von der DDR eingebaute Kehranlage für die S-Bahn, da dort viele S-Bahnen bereits endeten, weil der Bahnhof Friedrichstraße nicht alle Züge aufnehmen konnte.

Korbinian Fleischer

5. Mai **2020**

Am 23. November 1943 wurde der Bahnhof Berlin-Alexanderplatz bei einem Bombenangriff schwer beschädigt. Ende 1945 begann der Wiederaufbau mit der Sanierung der Halle, die noch bis ins Jahr 1951 andauern sollte. Die Wiederaufnahme des S-Bahn-Verkehrs erfolgte jedoch bereits am 4. November 1945. Heutzutage haben Gäste des Motel One einen hervorragenden Blick auf den Bahnhof Alexanderplatz, der zu den wichtigsten Bahnhöfen auf der Stadtbahn gehört.

Eisenbahnstiftung

12. April **1946**

Oliver Sydow

25. April **1994**

Am 25. April 1994 war der EC 175 noch mit zwei Dieselloks der Baureihe 218 bespannt. Die Aufnahme des elektrischen Betriebs auf der Stadtbahn war nach deren Sanierung erst ab 1998 möglich. Der EC 175 nach Prag verkehrt 2021 vom Berliner Hauptbahnhof-Tief über das Südkreuz und entlastet damit die Stadtbahngleise.

Von den dominierenden Plattenbauten an der **S-Bahn-Station Jannowitzstraße** hatte man einen sehr guten Ausblick auf die Stadtbahn. Die Gebäude vom Typ WHHGT 18 (Berlin) wurden von 1969 bis 1971 vom VEB Wohnungbaukombinat Berlin entwickelt. Die Bezeichnung steht für Wohnhochhaus Großtafelbauweise 18 Stockwerke. Die drei Häuser an der Jannowitzbrücke sind die Musterbauten für die weit verbreitete Bauform Zunehmend ergänzen neue Gebäude die Berliner Architektur. Im Bau befindet sich das „Grandaire" genannte Projekt, das künftig 269 Miet- und Eigentumswohnungen umfassen wird. Im Mittelpunkt der aktuellen Aufnahme steht eindeutig der Berliner Fernsehturm. Mit 368 Metern Höhe ist er nebenbei auch das höchste Gebäude der Bundesrepublik Deutschland. Auch er stammt aus den 1960er-Jahren und wurde 1969 eröffnet. Die Stadtbahn verläuft in diesem Abschnitt auf dem alten Festungsgraben der mittelalterlichen Stadt, die nach dem 2. Weltkrieg und der Beseitigung des Marienviertels nicht einmal mehr im Stadtgrundriss wiederzuerkennen ist.

Korbinian Fleischer

5. Mai
2020

Sven Heinemann

22. Oktober **2016**

Bleiben wir noch für einen Bildvergleich zwischen den **Stationen Alexanderplatz** und **Jannowitzbrücke**. Auf der historischen Aufnahme ist das Hochhaus zu sehen, von dem die drei Fotos der Seiten 36 bis 37 entstanden sind. Die gute Sicht auf die Stadtbahn verdeckt inzwischen ein Bürogebäude, das ab 2005 an dieser Stelle entstand. Daher ist auf dem aktuellen Foto auch der Ausblick auf die Stadtbahn nicht mehr möglich. Dampfloks der Baureihe 01.5. waren die Stars für Eisenbahnfreunde in den 1970er-Jahren. Als es bei der westlichen Bundesbahn fast keine Schnellzüge mehr mit Dampfloks gab, pilgerten zunehmend Eisenbahnfreunde nach Berlin und in die DDR, um den Betrieb auf Bildern, Filmen und Tonbändern für die Nachwelt zu dokumentieren.

12. Februar **1974**

Eisenbahnstiftung

Gerhard Rieger

30. Mai **1994**

Ein klassisches Eisenbahnmotiv aus Berlin ist diese Aufnahme, die beim **Haltepunkt Jannowitzbrücke** entstanden ist. Im Vordergrund ist die Spree zu sehen. Die Veränderungen in den letzten 30 Jahren sind für Berliner Verhältnisse fast nicht erwähnenswert. Die bereits mehrfach angesprochene Elektrifizierung der Stadtbahn ist eine entscheidende Veränderung. Auch die Stadtbahnviadukte wurden zwischenzeitlich grundlegend saniert, jedoch optisch unverändert belassen. Neben dem Fernsehturm sind auf beiden Aufnahmen von rechts nach links die Türme der Parochialkirche, des Roten Rathauses zu sehen.

Korbinian Fleischer

8. Mai **2020**

Nun erreichen wir mit **Berlin-Ostbahnhof** das Ende der Stadtbahnstrecke und des ersten Kapitels. Der heutige Ostbahnhof wurde als Frankfurter Bahnhof erbaut und hat seinen Namen so oft gewechselt wie kein anderer Berliner Bahnhof. Insbesondere sind die Namen Berlin Schlesischer Bahnhof (1881–1950) und Berlin Hauptbahnhof (1987–1998) bekannt. In den 1990er-Jahren wurde er zusammen mit der Stadtbahn modernisiert und elektrifiziert. Auffallend bei dem Bildvergleich ist das wuchtig wirkende Bahnsteigdach. Die historische Aufnahme zeigt die damals fabrikneue Diesellok 229 181, die 1992 von Krupp in Essen vollständig neu aufgebaut (rekonstruiert) wurde, vor einem InterCity. Inzwischen fährt die Maschine für die Firma Cargo Logistik Rail Service GmbH. Moderne Fahrzeuge sind jedoch auch heute noch am Ostbahnhof zu sehen.

17. August **2020**

Burkhard Wollny

Burkhard Wollny

23. April
1994

Peter Wagner

8. August **1977**

17. Mai **2020**

Korbinian Fleischer

Von der Fassade des heutigen Ostbahnhofs, die bis Ende der 1980er-Jahre so bestand, ist aktuell nichts mehr zu sehen. Das Gebäude hat seine Identität komplett verloren und ist von einem modernen Büro- und Verwaltungsgebäude nicht mehr zu unterscheiden. Die gläserne Wartehalle wurde im Jahr 2000 eröffnet, auch das InterCity-Hotel entstand in dieser Zeit. Für den Bahnfahrgast ist die Situation allerdings deutlich besser geworden. Parkplätze sind in großer Menge vorhanden und im Keller des Bahnhofs befinden sich zwei Supermärkte. Die historische Aufnahme zeigt das Hauptportal des Berliner Ostbahnhofs vor seinem Umbau. 1950 erfolgte die Umbenennung des Schlesischen Bahnhofs in Ostbahnhof, um den Bezug zu den ehemaligen deutschen Ostgebieten nach der Anerkennung der Oder-Neiße-Grenze seitens der DDR aufzugeben. 1987 wurde der Bahnhof grundlegend umgestaltet und in Berlin Hauptbahnhof umbenannt. Zum Fahrplanwechsel am 24. Mai 1998 wurde er erneut in Ostbahnhof zurückbenannt.

Bodo Schulz

22. Juni **1986**

7. Mai **2020**

Früher waren auch Güterzüge, wie der gezeigte Postzug, im **Ostbahnhof** alltäglich. Seit vielen Jahren gibt es auf der Stadtbahnstrecke nur noch in absoluten Ausnahmefällen Güterzüge. Auch die für die Reichsbahn typischen Doppelstock-Steuerwagen der Bauart DBuza ohne ausreichende Lüftung und Klimaanlage, an die sich Schönes-Wochenende-Ticket-Reisende im Hochsommer qualvoll erinnern, sind inzwischen ausgemustert. Das betrifft auch die erst 1992 beschafften Steuerwagen. Schon 2020 waren die Waggons nur noch bei Sondereinsätzen zu beobachten. Die Bahnsteige wurden im Lauf der Jahre modernisiert.

Korbinian Fleischer

Sammlung: Korbinian Fleischer

17. Mai **2020**

Korbinian Fleischer

Zentrales Bildarchiv der DR (ZBDR)

28. März
1967

Der **Hauptbahnhof (Ostbahnhof)** war der wichtigste Bahnhof in Berlin zu Zeiten der DDR. Viele Schnellzüge begannen oder endeten am Ostbahnhof. Am 31. Mai 1987 wurde der elektrische Fernbahnzugbetrieb von Osten her aufgenommen. Wegen der nicht ausreichenden freien Höhe der Hallenschürzen und des auf der Westseite quer über den Ferngleisen liegenden Stellwerkes B1 endete die Fahrleitung vor der Bahnsteighalle. Elektrische Lokomotiven fuhren abgebügelt in die Bahnsteighalle ein, sie wurden anschließend von einer Rangierlokomotive vom Wagenzug abgezogen und auf die Ostseite zurückgeschoben. Im gleichen Jahr wurde der Bahnhof grundlegend umgestaltet. Er erhielt eine neue dreigeschossige Empfangshalle mit 19 Fahrkartenschaltern, elektronischen Informationssystemen und rund 1000 Gepäckschließfächern. Bahnsteige und Hallendächer, Fußgängertunnel und Treppen wurden modernisiert sowie Rolltreppen eingebaut. Am 15. Dezember 1987 wurde der neugestaltete Bahnhof eröffnet und in Berlin Hauptbahnhof umbenannt. Diesen Namen trägt heute der neue Berliner Hauptbahnhof, an dessen Stelle früher der Lehrter Bahnhof stand.

Berliner Fernbahnhof einst und jetzt

Hermann Kuom

Über die Geschichte der Berliner Fernbahnhöfe berichten viele Bücher und Zeitschriften. Betagte Zeitzeugen und alte Filme erzählen von der bewegten Zeit der großen Zeit der Fernbahnhöfe in der deutschen Hauptstadt. Dabei ist es istnicht einfach, von den großen Fernbahnhöfen zu sprechen, denn weder die Preußischen Staatsbahnen noch die spätere Deutsche Reichsbahn haben klar zwischen Fernverkehr, Ferngleisen und Vorortstrecken unterschieden. Aber die großen Kopfbahnhöfe waren einst ein besonderes Merkmal des Berliner Verkehrs. Nicht ein Hauptbahnhof prägte das Stadtbild, sondern viele Bahnhöfe von verschiedenen Himmelsrichtungen waren die Eintrittspforte zur Hauptstadt. Dabei waren diese Stationen nicht einfach nach Nord, Süd, Ost und West benannt, wie das zum Beispiel in Paris bis heute der Fall ist. Die Berliner Bahnhöfe verdeutlichten den Reisenden gleich, wohin die Züge von dort unterwegs waren. Mit dem Ende des Zweiten Weltkriegs war die Zeit der großen Berliner Bahnhöfe schlagartig beendet. Die Teilung Deutschlands und Berlins machte einen Bahnbetrieb, wie in den 30er-Jahren, unmöglich, zumal auch noch die Deutsche Reichsbahn der DDR für ganz Berlin den Schienenverkehr abwickeln musste. So dümpelte hauptsächlich im Westteil der Stadt die Eisenbahn vor sich hin. Der 9. November 1989 und die folgende Wiedervereinigung brachten massive, meist positive, Veränderungen auch im Bahnverkehr mit sich. Endlich konnte man wieder zwanglos von „Berlin Stadtbahn" im Osten nach dem Westen fahren und auch die alte neue Hauptstadt wurde in den modernen ICE-Verkehr eingebunden, der aufgrund der Situation in den 1970er- und 80-er-Jahre schwerpunktmäßig auf den Nord-Süd-Verkehr ausgerichtet wurde. Die alten Kopfbahnhöfe blieben alle in Schutt und Asche und bleiben Traum und Erinnerung, wie all die Toten und Verluste des Zweiten Weltkriegs. Berlin erhielt 2006 erstmals einen richtigen Hauptbahnhof auf der „grünen Wiese" auf dem Gelände des alten Lehrter Bahnhofs. Es gab viel Unmut über den Neubau der Deutschen Bahn AG. Vom Namen bis zur Verkürzung des Glasdaches und der Degradierung einst wichtiger Bahnhöfe wie dem Bahnhof Berlin Zoologischer Garten zu reinen Nahverkehrsstationen reichte die größtenteils berechtigte Kritik. Dass die Deutsche Bahn AG auf ihre Kritiker nicht einging und auch von der Politik keine durchgreifende Einmischung erfolgte, liegt daran, dass der Stellenwert der Eisenbahn in Deutschland massiv gesunken ist. Heute stehen BER, der skandalerschütterte Berliner Großflughafen, und der Individualverkehr im Vordergrund. Ob dies angesichts anhaltender Umweltprobleme der richtige Weg ist, kann bezweifelt werden.

Auf den kommenden Seiten werden wir erkunden, was von den einstigen Metropolen des Verkehrs übrig geblieben ist. Wir haben uns bewusst darin beschränkt, dass die historischen Aufnahmen, wie im gesamten Buch, aus der Zeit nach dem Zweiten Weltkrieg stammen, als die großen Bahnhöfe schon alle ihre Bedeutung verloren hatten, aber zumindest als Ruinen noch vorhanden waren. Die Bahnhöfe der Stadtbahn-Strecke haben wir im Kapitel „Hauptschlagader Stadtbahn" bereits vorgestellt.

Linke Seite: Der neue große Hauptbahnhof Berlins entstand an Stelle des Lehrter Stadtbahnhofs. Eröffnet im Jahr 2006, liegt er (noch) weit entfernt von den Berliner Stadtzentren. Bei Reisenden ist er aufgrund der langen Umsteigezeit vom Tiefbahnhof zu den Zügen auf der Stadtbahn nicht sonderlich beliebt. (1. September 2009)

Zu DDR-Zeiten übernahm der Ostbahnhof die Rolle des Hauptbahnhofs. Auch er liegt allerdings fernab jedes Zentrums. Inzwischen hat er wieder seinen alten Namen Ostbahnhof zurück erhalten. Das Foto zeigt einen komplett modernisierten Reichsbahn-IC mit einer bei Krupp neu aufgebauten Lok der Baureihe 229. 2021 sind diese mangels Bedarf bei der DB Fernverkehr AG nur noch in minderwertigen Diensten und/oder Museumszügen zu erleben. (12. September 1993)

Hermann Kuom

Der Anhalter Bahnhof war einst der bedeutendste Fernbahnhof in Berlin. Er wurde wegen seiner Verbindungen nach Österreich-Ungarn, Italien und Frankreich im Volksmund „Das Tor zum Süden“ genannt. Nachdem das Bahnhofsgebäude am 3. Februar 1945 durch Luftangriffe der Alliierten schwer beschädigt worden und ausgebrannt war, wurde es nur enttrümmert und notdürftig betriebsfähig gemacht. Die vier Hallenwände standen noch und wurden in einer Schadenskarte als wiederaufbaufähig eingestuft. Die eingestürzte Stahlkonstruktion des Hallendaches wurde entfernt. Nach dem Krieg befand sich der Anhalter Bahnhof durch die Sektorenbildung im Westteil Berlins. Der Zugverkehr beschränkte sich aus politischen Gründen nur noch auf wenige Fern- und Personenzüge. Ab 1951 verkehrten nur noch wenige Nahverkehrszüge nach Brandenburg und Sachsen-Anhalt. Trotz starken Widerstandes der Fachwelt und der Architekten- und Baukammern wurde das seit den 1930er-Jahren unter Denkmalschutz stehende Gebäude auf Betreiben des damaligen Berliner Bausenators zum Abbruch freigegeben. 1961 wurde der Bahnhof schließlich gesprengt, lediglich ein Fragment des Bahnhofsportikus blieb erhalten. (25. August 1960)

Gerhard Moll / Eisenbahnstiftung

Berlin Anhalter Bahnhof: Heute erinnern nur noch das Fragment des Portikus und die gleichnamige S-Bahn-Station der Nord-Süd-Strecke an den einst berühmten Fernbahnhof. Der Bahnhof überstand die Wirren des Zweiten Weltkriegs stark beschädigt und diente in den letzten Kriegstagen auch noch dem unsinnigen Kampf um Berlin. Durch die Aufteilung Berlins und die dadurch anderen Verkehrsströme verlor der Anhalter allerdings seine Funktion und wurde nicht mehr benötigt. Trotz starken Widerstandes der Fachwelt und der Architekten- und Baukammern wurde das seit den 1930er Jahren unter Denkmalschutz stehende Bahnhofsgebäude zum Abbruch freigegeben. Begründet wurde der Abriss teilweise mit der Notwendigkeit zum Neubau eines größeren Bahnhofes an gleicher Stelle, für den es bereits Architektenentwürfe gab, und mit der Einsturzgefahr der freistehenden Hallenwände. Der Abriss erwies sich aufgrund des sehr stabilen und harten Mauerwerksverbandes jedoch als derart schwieriges Unterfangen, dass mehrere Abrissfirmen sich wirtschaftlich verkalkulierten und in der Folge Konkurs anmelden mussten. Nach der Sprengung der Halle 1959, veranlasst durch den Senat, blieb nur noch der Portikus mit einem Teil der überdachten gemauerten Vorfahrt stehen. Die Seitenwände der ehemaligen Bahnhofshalle wurden durch die Anpflanzung langstieliger Eichen markiert, in deren Mittelteil Ballspielfelder eingerichtet wurden. Nach der Entwidmung des Bahngeländes wurde 2002 unmittelbar neben den Fundamenten des ehemaligen Südportals die Veranstaltungsstätte Tempodrom errichtet.

15. Januar **1959**

Ullsteinbild

Korbinian Fleischer

19. September
2020

OpenStreetMap-Mitwirkende SRTM – Kartendarstellung OpenTopoMap (CC-BY-SA) Andreas Illgen

Hermann Kuom

26. Mai **1983**

21. April **1986**

Bodo Schulz

Zum Anhalter Bahnhof gehörten nicht nur die berühmte große Empfangshalle, sondern auch das riesige Gleisvorfeld mit Güterabfertigung, Postverladung und natürlich den Anlagen für den Unterhalt und die Wartung der Waggons und Lokomotiven. Das **Bahnbetriebswerk Berlin Ahb** lag unmittelbar südlich des Landwehrkanals westlich der Ferngleise. Es war für die Bespannung der Fernzüge der Anhalter und der Dresdener Bahn zuständig. Die Anlage bestand aus zwei Drehscheiben mit Ringlokschuppen und Nebengebäuden und wurde bis zum Beginn des Zweiten Weltkriegs ständig erweitert, um die immer größer werdenden Lokomotiven unterbringen und versorgen zu können. Im nördlichen Teil des Geländes sowie auf dem angrenzenden Gelände des ehemaligen Bahnbetriebswerks des Anhalter Bahnhofs eröffnete 1983 das Museum für Verkehr und Technik. Die beiden Ringlokschuppen des Bw Ahb wurden wiederaufgebaut und beherbergen die öffentlich zugängliche Schienenverkehrssammlung des Museums. Im Freigelände östlich des alten Bahnbetriebswerkes wurde der Museumspark eingerichtet. Neben der Aufstellung einzelner Exponate wurden die Reste der Bahnanlagen und die Ruderalvegetation belassen. So finden sich dort bis heute Gleisreste, die erahnen lassen, wie pulsierend der Bahnbetrieb früher dort gewesen sein muss.

26. April
2020

Korbinian Fleischer

Korbinian Fleischer

Eisenbahnstiftung, Walter Hollnagel,

10. März
1945

24. September **2005**

Tonythepixel Wikimedia Commons, lizenziert unter CreativeCommons-Lizenz by-sa-2.0-de

Nun befinden wir uns im neuen Zentrum Berlins, am Potsdamer Platz. Hier befand sich ursprünglich der erste Bahnhof Berlins von 1838, der **Potsdamer Bahnhof**. Im März 1945 ging der Potsdamer Bahnhof nach Kriegsschäden außer Betrieb. Nach Kriegsende wurde ein Teil kurzzeitig bis 1946 noch einmal für den Vorortverkehr genutzt. Der dem Personenbahnhof vorgelagerte Güterbahnhof blieb noch während der Berliner Teilung in Betrieb. Mittlerweile sind sämtliche Bahnanlagen und Hochbauten abgetragen. Nur noch aus der Luft kann man erkennen, dass sich auf dem Gelände einst ein Bahnhof befanden haben muss. Auf dem früheren Bahnhofsareal sind nun zum größten Teil begehbare Grünflächen, die für eine Frischluftzufuhr zum Potsdamer Platz sorgen.

Nun reisen wir weiter und erreichen den **Hamburger Bahnhof.** Das ehemalige Empfangsgebäude ist das einzige erhaltene der großen Berliner Kopfbahnhöfe. Es stammt aus den 1840er-Jahren und ist damit auch eines der ältesten Empfangsgebäude Deutschlands. Das im spätklassizistischen Stil gehaltene Bauwerk wurde schon 1884 für den Personenverkehr geschlossen und der Verkehr auf den benachbarten Lehrter Bahnhof verlagert. 1906 eröffnete im Empfangsgebäude das Königliche Bau- und Verkehrsmuseum. In einer vereinten Sammlung sollten industrielle und technische Entwicklungen gezeigt werden. Es ist somit ein Vorläufer des heutigen Technikmuseums in Berlin. Im Zweiten Weltkrieg erlitt das Gebäude 1944 starke Schäden, große Teile der Sammlung blieben jedoch erhalten. Von der großen Modellbahn im Maßstab 1:33 blieben nach Plünderung lediglich Fragmente erhalten. Nach dem Zweiten Weltkrieg wurde das Gebäude als Bahnbetriebsanlage der Deutschen Reichsbahn übertragen. Das gesperrte Gebäude stand der Öffentlichkeit nicht zur Verfügung. Engagierte Reichsbahner erreichten jedoch, dass Bauwerk und Exponate erhalten wurden. Als 1984 die BVG die Betriebsrechte an den in West-Berlin gelegenen S-Bahn-Strecken übernahm, ging auch der Hamburger Bahnhof an den Berliner Senat über. Die Ausstellungsstücke des Verkehrs- und Baumuseums wurden an das Verkehrsmuseum Dresden und das Deutsche Technikmuseum Berlin übergeben. Anlässlich der 750-Jahr-Feier Berlins im Jahr 1987 wurde der Hamburger Bahnhof mit der Ausstellung Reise nach Berlin zum ersten Mal wieder museal genutzt. Anschließend erfolgten umfassende Sanierungsarbeiten, bevor das Gebäude 1996 unter dem neuen Namen Hamburger Bahnhof – Museum für Gegenwart als Ausstellungsort für zeitgenössische Kunst wiedereröffnet wurde.

Bodo Schulz

13. Dezember **1981**

3. Oktober **2020**

Korbinian Fleischer

Ullstein-Bild, Sobotta

17. August
1945

8. Mai **2020**

Korbinian Fleischer

Berlin Stettiner Bahnhof war einer der großen und architektonisch wunderschönen Berliner Kopfbahnhöfe. Bis 1952 war er Ausgangspunkt der Bahnstrecke zum pommerschen Stettin, das jedoch Mitte 1945 mit dem Schweriner Grenzvertrag nachträglich unter polnische Verwaltung gelangte und heute zu Polen gehört. Der Bahnhof wurde daher 1950 in Nordbahnhof umbenannt. Nach der Anerkennung der Oder-Neiße-Grenze sollte der Namensbezug zu der nun in Polen liegenden pommerschen Hafenstadt Stettin vermieden werden, und so benannte die DDR den Bahnhof am 1. Dezember 1950 in Nordbahnhof um. Bis dahin war der Name Nordbahnhof für den weiter östlich liegenden Güterbahnhof der Nordbahn benutzt worden. Dieser wurde ab 1950 als Bahnhof Eberswalder Straße bezeichnet. Zwei Jahre später wurde am 18. Mai 1952 der Fernbahnhof geschlossen, sowohl wegen der Kriegszerstörungen als auch wegen der geografischen Lage der Abgangsstrecke. Die führte vom Bahnhof zuerst über den West-Berliner Bahnhof Gesundbrunnen, bevor an der Grenze zwischen Wedding und Pankow wieder das Ost-Berliner Stadtgebiet erreicht wurde. Hintergrund war, dass die DDR ab 1. Juni 1952 West-Berlinern den freien Zugang ihres Territoriums erschwerte. Drei Jahre später wurde die Beseitigung des Gebäudes entschieden und 1962 wurden die Abrissarbeiten abgeschlossen. Das Empfangsgebäude lag im Norden der Innenstadt an der Invalidenstraße im Bezirk Mitte.

Hermann Kuom

3. November **1977**

3. Oktober **2020**

Korbinian Fleischer

Nur wenige Meter östlich des Stettiner Bahnhofs (Nordbahnhof) entlang der Bernauer Straße kommt man heute auf den bekannten Berliner Mauerpark. Auch ohne eisenbahnarchäologische Grundkenntnisse wird einem dort sehr schnell ersichtlich, dass es sich bei dem Gelände um einen Bahnhof handeln muss. Spätestens mit Entdecken des einst unter den Gleisen hindurchführenden Gleimtunnels besteht auch gar kein Zweifel mehr. Wir befinden uns auf dem Gelände des alten **Bahnhofs Berliner Eberswalder Straße**, der bis 1950 den Namen Berlin Nordbahnhof trug. Bis auf wenige Jahre Ende des 19. Jahrhunderts diente er ausschließlich dem Güterverkehr. Durch seine Lage zwischen Ost- und West-Berlin verlor er infolge der Teilung Berlins ab 1948 an Bedeutung, war aber lange Zeit noch für einzelne Anlieger in Betrieb. Die Deutsche Reichsbahn legte 1985 die verbliebenen Anlagen des Bahnhofs still. Der ab 1992 entstandene Mauerpark umfasst den größten Teil der Flächen des ehemaligen Bahnhofs. 1977 war der Bahnhof für die NBC-Serie „Holocaust" Drehort. Es wurde die Deportation aus dem Warschauer Ghetto 1942/43 dargestellt. Das Empfangsgebäude an der Bernauer Straße wurde zu einer Stationsklinik umgewandelt, die im Film aber in der englischen Version als „Station Klinik" bezeichnet wurde. Innenaufnahmen des Gebäudes sind im Film zu sehen. Zum Einsatz kam die Dampflok 52 2163 mit Altbaukessel des Bahnbetriebswerks Wustermark.

Korbinian Fleischer

9. Mai
2020

Korbinian Fleischer

Der letzte in diesem Kapitel vorgestellte Berliner Fernbahnhof ist **Berlin Görlitzer Bahnhof**. Er war Ausgangspunkt der Strecke über Cottbus nach Görlitz. Auf dem ausgedehnten Bahnhofsgelände befindet sich seit den 1990er-Jahren der Görlitzer Park. Den Namen Görlitzer Bahnhof trägt heute nur noch der in der Nähe gelegene U-Bahnhof Görlitzer Bahnhof. Durch die Kämpfe Ende April 1945 war auch das Bahnhofsgebäude beschädigt worden. Am 29. April 1951 wurde der letzte Vorortzug nach Königs-Wusterhausen abgefertigt. Einen Tag später übernahm die S-Bahn diese Verbindung über Ostkreuz, ohne West-Berlin zu durchfahren. Nach dem Wegfall des Zugverkehrs wurden die Gebäude auf Betreiben des damaligen Bausenators trotz Protesten der Bevölkerung in den Jahren zwischen 1961 und 1967 abgebrochen. Begründet wurde dies mit dem Ziel der Neubebauung des nicht mehr benötigten Bahngeländes, die jedoch niemals erfolgte. Am Bahnhof Schöneweide betrieb die DDR eine Zollabfertigung für West-Berliner Güterzüge, die den Görlitzer Bahnhof von Neukölln her anfuhren. Am 13. August 1961 wurde die Verbindung durch den Mauerbau unterbrochen. Der Görlitzer Güterbahnhof war nur noch über eine Zufahrt vom in Neukölln gelegenen Güterbahnhof Treptow zu erreichen.

Historische Sammlung der Deutschen Bahn AG

12. Juni **1961**

12. Februar **1972**

Ullsteinbild

Strecke ohne Ende: Die Ringbahn

Als die Ringbahn geplant und gebaut wurde, hatte sie keine Bedeutung für den Fernreiseverkehr Berlins. Dieser nutzte die damals noch vorhandenen Kopfbahnhöfe sowie die Stationen der Stadtbahn.

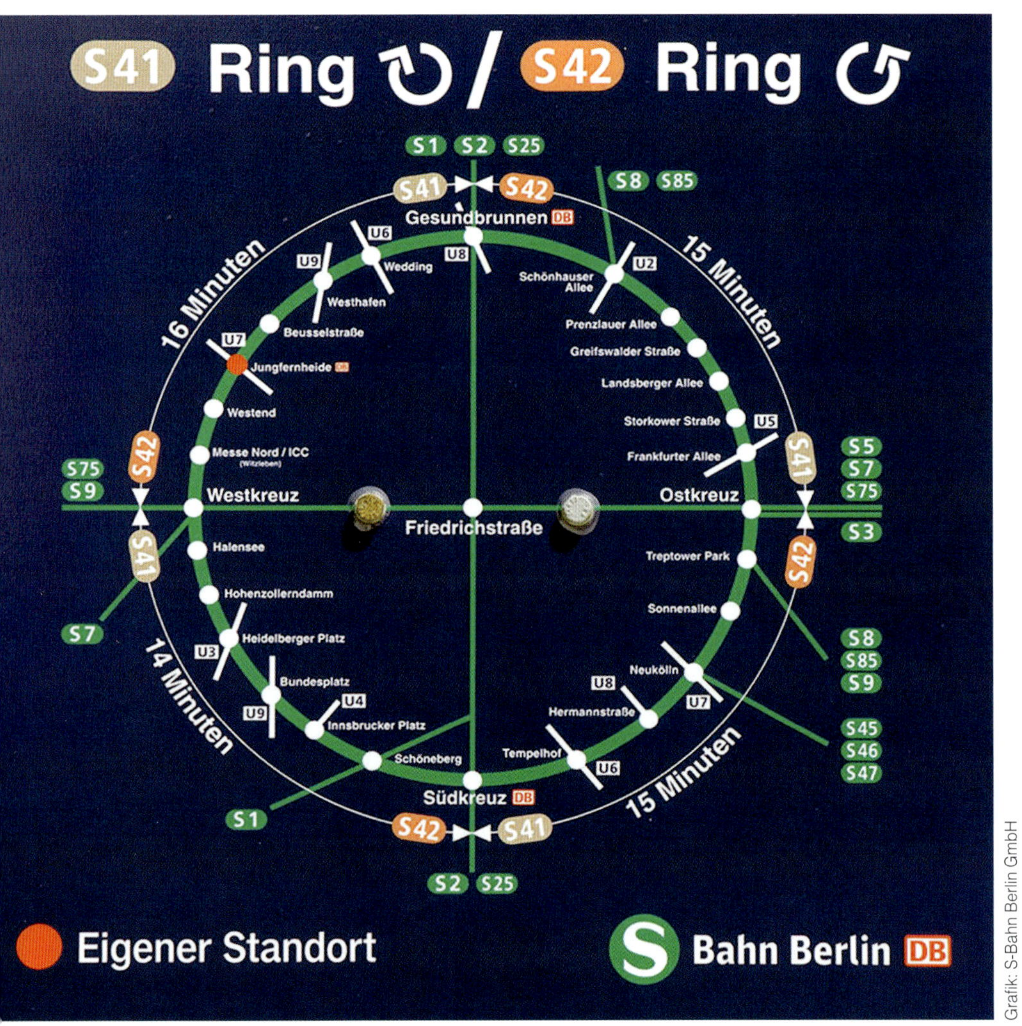

Grafik: S-Bahn Berlin GmbH

Gleiches galt für den Vorortverkehr. Die Ringbahn diente ausschließlich als Ausweichstrecke oder für besondere Gelegenheitsverkehre, wie dem Militär und Güterzügen. Große Aufgaben waren für sie nach Planungen der 1930er-Jahre vorgesehen, als der Bahnverkehr im Rahmen der „Welthauptstadt“ neu geordnet werden sollte. Doch ab 1945 hatte sich das Bild total gewandelt. Die Spaltung der Stadt führte auch zu einem drastisch reduzierten Verkehrsaufkommen. Der 1956 fertiggestellte Berliner Außenring übernahm für die Osthälfte Berlins wie auch für den gesamten Ballungsraum die überregionale Verteilfunktion des Bahnverkehrs. Erst mit dem Fall der Mauer und der folgenden Wiedervereinigung erhielt die Ringbahn neue Aufgaben.

Seit November 2001 ist die Strecke nach über 40 Jahren wieder komplett von Schönhauser Allee bis nach Gesundbrunnen befahrbar. Die Ringbahn kann wieder in vollem Umfang ihre Funktion als Querverbindung zwischen den Radialstrecken wahrnehmen. Doch mit dem Ring ist eigentlich die S-Bahn-Strecke gemeint, die wir erst im nächsten Band noch ausführlich behandeln. Fast überall verkehrten oder verkehren parallel zu den S-Bahn-Gleisen der Ringbahn Fern-, Regional- und Güterzüge. Einige Streckenabschnitte wurden in den letzten Jahren im Rahmen der neuen Verkehrsführung zum neuen Hauptbahnhof ertüchtigt, andere Abschnitte dümpeln vor sich hin oder werden nur noch durch die S-Bahn genutzt. In jüngster Zeit hat die Ringbahn auch eine Bedeutung für den automobilen Individualverkehr bekommen.

Innerhalb der Ringbahn, mit geringen Abweichungen, befindet sich die Umweltzone, die mit alten schadstoffintensiven Pkws und Lkws nicht mehr befahren werden dürfen.

Der Bahnbetrieb in Berlin erlebte im Zweiten Weltkrieg massive Zerstörungen ebenso wie die gesamte Stadt. Trotzdem rollten, auch im März 1945, zwei Monate vor dem Kriegsende, auch noch Güterzüge. Vorbei an der Kulisse ausgebombter Häuser an der Reinickendorfer Straße dampft 52 224 (Berliner Maschinenfabrik AG, Baujahr 1943) mit einem Güterzug durch Berlin-Wedding. Die beim Bahnbetriebswerk Berlin-Pankow stationierte Lok wurde am 13. Februar 1947 als Beutelok in die UdSSR abgefahren.

Foto: Walter Hollnagel, Eisenbahnstiftung

Die Schnellzuglok 02 0201-0 (18 201) bespannte am 1. September 1989 einen Sonderzug mit Doppelstockwagen auf der Ringbahn. Rechts zu sehen ist die zum Aufnahmezeitpunkt stillgelegte S-Bahn-Station Westend. Nach dem Reichsbahnerstreik 1980 ruhte der S-Bahn-Betrieb auf dem westlichen Dreiviertelring für rund 13 Jahre.

Foto: Walter Hollnagel, Eisenbahnstiftung

Eisenbahnstiftung/Joachim Claus

19. März **1962**

7. Mai **2020**

Korbinian Fleischer

Unsere Rundreise mit der Ringbahn um Berlin beginnen wir am Haltepunkt Witzleben, der seit 2002 **Berlin Messe Nord/ICC (Witzleben)** heißt. Der heutige Haltepunkt liegt direkt neben der Autobahn A100, die auf der historischen Aufnahme gerade im Bau ist. Die Dampfloks der Baureihe 74 waren in Güterzugdiensten in ganz Berlin anzutreffen. Unser Exemplar, die 74 826 vom Bahnbetriebswerk Berlin-Lichtenberg, stammte von 1911 und wurde ursprünglich an die Reichseisenbahnen in Elsaß-Lothringen geliefert. Im Elsaß wurde sie auch bei der Société Alsacienne de Constructions Mécaniques im Werk Graffenstaden gebaut. Erhalten geblieben sind drei Lokomotiven, davon die 74 1192 im Eisenbahnmuseum Bochum und die 74 1230 bei den Dampflokfreunden Berlin sowie die ehemalige 74 1234 in Polen, welche dort der Baureihe OKi2 zugeordnet wurde.

Korbinian Fleischer

7. Mai **2020**

Bleiben wir noch einen Moment in **Witzleben**. Neben dem S-Bahn-Ring mit Stromschiene gibt es auch zwei mit Oberleitung elektrifizierte Fernbahngleise. Diese waren auch zu DDR-Zeiten im Gegensatz zur S-Bahn in Betrieb. Durchgeführt wurde der Zugverkehr in West- und Ostberlin durch die Deutsche Reichsbahn, was immer wieder zu Spannungen führte. Ganz extrem war die Situation, wenn die DDR-Reichsbahn auch die Züge der westdeutschen Besatzungsmächte zu befördern hatte. Die historische Aufnahme zeigt einen Franzosenzug von Berlin-Tegel nach Strasbourg. Die Reisezugwaggons waren zum Aufnahmezeitpunkt noch ganz neu, aber wohl in der Anzahl nicht ausreichend, so dass ein grüner Sitzwagen aus dem Regelbestand der Deutschen Bundesbahn mitgeführt werden musste.

14. Juni **1986**

Hermann Kuom

Von der Freiluftplattform des Berliner Funkturms hat man einen genialen Ausblick auf die Ringbahn mit der Station **Berlin Messe Nord/ICC (Witzleben).** Erneut erkennt man auf der historischen Aufnahme einen französischen Militärzug auf der Ringbahn, die zum Zeitpunkt der Aufnahme ohne S-Bahn-Verkehr war. Deutlich ist noch der zweite Bahnsteig mit Dach und den beiden Zugängen zu erkennen. 1944 wurde der Betrieb auf der Verbindungskurve zum Bahnhof Charlottenburg und somit zur Stadtbahn auf Grund von Bombenschäden eingestellt und auch nach dem Zweiten Weltkrieg nicht wieder aufgenommen. Seit damals wurde der Stadtbahnsteig nicht mehr bedient und verfiel. Mit dem Reichsbahnerstreik von 1980 kam die vorläufige Schließung. Erst mit der Wiedereröffnung der Ringbahn am 17. Dezember 1993 wurde der Bahnhof wieder reaktiviert. Bereits vor den Planungen zur Wiederinbetriebnahme wurde das Dach des Ringbahnsteigs repariert.

30. April
1983

Bodo Schulz

Korbinian Fleischer

8. Mai
2020

Korbinian Fleischer

7. Mai **2020**

19. März **1962**

Eisenbahnstiftung/Joachim Claus

Nun haben wir die Station **Berlin Messe Nord/ ICC (Witzleben)** in nördliche Richtung verlassen und stoßen sofort auf ein interessantes Gebäude am Rand der Gleise: das Auto-Hotel Charlottenburg von 1930. Die Großgarage mit Hotel konnte 400 Autos beherbergen und kostete bis zur Eröffnung im Jahr 1930 2 ½ Mio. Mark, was damals eine unglaublich hohe Summe war. Umgerechnet wären das 2021 rund 8 Mio. Euro. Das Gebäude ist von außen stark verändert, aber in seiner Grundsubstanz erhalten, wie die untere Fensterreihe zeigt. 2021 wird es vom Opel-Autohaus der Dinnebier-Firmengruppe genutzt. 1962 ist die große Zeit des Auto-Hotels längst vorbei, auch wenn gerade die Stadt-Autobahn neben den Ringbahngleisen gebaut wird. 52 7003 ist gerade mit der Beförderung eines Kohlezuges ins nahe Kraftwerk Reuter beschäftigt.

Korbinian Fleischer

4. Juli **2020**

Reisen wir auf der Ringbahn mit der Bahn weiter. Als nächster Bahnhof folgt an der Spanndauer-Damm-Brücke der **Bahnhof Westend.** Dem Betrachter bietet die historische Aufnahme noch eine belebte Szenerie. Zu sehen ist eine Dampflok der Baureihe 50 ohne Windleitbleche, während ein Vollring-Zug der S-Bahn gerade das Stellwerk Wmt passiert. Von den umfangreichen Gleisanlagen ist wenig übrig geblieben. Weder Stellwerk noch Wasserturm konnten sich ins neue Jahrtausend retten. Eine Konstante ist das Verwaltungsgebäude von Siemens im Hintergrund, das auch Zweiflern eindeutig beweist, dass der aktuelle Aufnahmepunkt richtig gewählt wurde.

30. August **1955**

Landesarchiv Berlin, F Rep. 290 (02) Nr. 0042604, Willy Kiel,

Korbinian Fleischer

14. September **2020**

1987 war der S-Bahn-Verkehr auf der Ringbahn und der Siemensbahn am **Bahnhof Jungfernheide** schon eingestellt. Die seitlichen Stromschienen lagen aber noch. 118518-0 der Deutschen Reichsbahn hat auf der historischen Aufnahme einen Containerzug vom Containerbahnhof Heidestraße am Zughacken. Der Name dieser Gegend ist von dem Wort Jungfer abgeleitet, womit die Angehörigen des Benediktinerinnenklosters in Spandau gemeint waren, zu deren Besitz das Gebiet im Mittelalter gehörte. 2019 hat sich die Situation grundlegend geändert: Der S-Bahn-Ring ist wieder in Betrieb. Verschwunden sind der Gaskessel im Hintergrund sowie das Stellwerk Jun von 1912 mit Farbscheibenüberwachung. Noch ist die in Jungfernheide abzweigende Siemensbahn nach Gartenfeld außer Betrieb. Aber die Reaktivierungsbemühungen sind in vollem Gange.

2. Juli **1987**

Bodo Schulz

Korbinian Fleischer

19. September
2020

Nun sind wir an der Station **Beusselstraße** angekommen. 1988 lag der S-Bahn-Haltepunkt seit fast acht Jahren brach, nachdem der Streik der Reichsbahner zu einer Einstellung vieler S-Bahn-Linien geführt hatte. Im Gegensatz zur S-Bahn war der Güterverkehr davon jedoch nicht betroffen.

14. Juli **1988**

Bodo Schulz

Wolfram Müller

9. August **1978**

Burkhard Wollny

9. April
2020

Am **Westhafen** hat sich die Welt in den letzten 40 Jahren grundlegend verändert. Neben der Aufnahme des elektrischen Fahrbetriebs für den Güter- und Fernverkehr wurde auch die Stellwerkstechnik grundlegend modernisiert. Nicht überstanden haben die Zeit das Stellwerk Moa und der Gaskessel links im Hintergrund. Das schöne Fachwerk-Stellwerk Mwt links im Bild ist nach wie vor vorhanden, allerdings nicht mehr betrieblich genutzt.

26. April
2020

Burkhard Wollny

Von der Fennbrücke hat man einen guten Ausblick auf die Ringbahnbrücke über den Spreekanal zwischen den **S-Bahn-Stationen Westhafen und Wedding**. 1974 ist noch deutlich die nach dem Krieg behelfsmäßig reparierte Brücke zu sehen, die um die Jahrtausendwende durch eine viergleisige Betonspannbrücke ersetzt wurde. Inzwischen sind zwei weitere Eisenbahnbrücken dazugekommen. Die Brücke für den Fern- und Regionalverkehr zum neuen Hauptbahnhof Berlin kann man auf dem Foto sehen, die Brücke der „S21“, der S-Bahn-Zuführung zum Hauptbahnhof (tief) ist auf dem Foto nicht zu sehen.

27. August **1974**

Wolfram Müller

Historische Sammlung der Deutschen Bahn AG

12. Juni **1981**

Der Bahnhof **Berlin-Gesundbrunnen** ist ein großer Gewinner der Wiedervereinigung und des Ausbaus der Eisenbahninfrastruktur für den Regional- und Fernverkehr in Berlin. 1985 lag ein Großteil des Bahnhofs noch brach und wurde nur durch wenige Güterzüge und die verbliebenen S-Bahnen genutzt. Der „Goldbroiler“ 106 267-8 befördert gerade einen Übergabezug zum Güterbahnhof Charlottenburg. Von der Firma Waggon-Union sind an erster Stelle nach der Lok zwei Steuerwagen (VS 203 und VS 203) für die Südwestdeutsche-Verkehrsgesellschaft eingereiht, die in Berlin gebaut wurden. Im Hintergrund ist jeweils die Swinemünder Brücke zu sehen. Auch die Mehrfamilienhäuser links an der Behmstraße haben die Zeit überdauert.

17. Mai **2020**

Korbinian Fleischer

Wir befinden uns nun auf dem Schwedter Steg zwischen den heutigen S-Bahn-Stationen Gesundbrunnen und Schönhauser Allee. Seinen Namen erhielt das Bauwerk, weil es in der Führung des Nordabschnitts der Schwedter Straße verläuft und die frühere Schwedter Brücke ersetzt. Die heutige Brücke verläuft exakt im sogenannten Todesstreifen zwischen der Vorderlandmauer und Hinterlandmauer. Die darunter verlaufende Ringbahn war während der deutschen Teilung unterbrochen. Der Bahnhof Berlin-Gesundbrunnen (im Hintergrund mit der Millionenbrücke) wurde von West-Berlin bedient, während die ostdeutschen S-Bahn-Züge nach Norden in Richtung Pankow verkehrten. 1997 befanden sich die Bauarbeiten in der Hochphase. Am 17. September 2001 konnte an dieser Stelle die zweitletzte Lücke im Ring geschlossen werden. Seitdem rollen sowohl die S-Bahnen als auch Regional-, Fern- und Güterzüge über dieses einst unterbrochene Teilstück der Ringbahn. Auch Sonderfahrten mit dem Schienenbus der Baureihe VT 95 der Berliner Eisenbahnfreunde sind regelmäßig dort anzutreffen.

Korbinian Fleischer

3. Oktober
2020

Frank Sender

27. Juli
1990

Korbinian Fleischer

9. Mai **2020**

An der **S-Bahn-Haltestelle Prenzlauer Allee** verkehren Fernverkehrszüge und S-Bahnen parallel. Waren es 1979, also vor etwas mehr als 40 Jahren, noch Schnellzugdampfloks, sind es 2021 elektrische ICE-Triebwagen unterschiedlicher Bauarten, die oftmals als Leerzüge ab dem Bahnhof Gesundbrunnen zur Wartung nach Berlin-Rummelsburg fahren. Die historische Aufnahme zeigt den D-Zug 814 (Lichtenberg – Stralsund) mit der Dampflok 03 0090, die als Museumslok ebenfalls in die „neue" Zeit gerettet werden konnte. Sie gehört dem Verein Mecklenburgische Eisenbahnfreunde Schwerin. Der bekannte Gasometer im Hintergrund ist hingegen nicht mehr vorhanden.

26. August
1979

Karsten Risch

Gerhard Greß

23. Mai **1971**

7. Mai **2020**

Am **Ostkreuz** kreuzt die Ringbahn die Bahnstrecke Berlin-Ostbahnhof – Frankfurt (Oder). Bis 2019 wurde der Bahnhof fast komplett neu gebaut, nachdem die alten Anlagen sich in den Jahren zuvor als „Rostkreuz“ einen Namen gemacht hat. Das Buch „Mythos Ostkreuz“ aus unserem Verlag stellt diesen Bahnhof und die umliegenden Bahnanlagen ausführlich vor. Schon früh war ein Gleis mit Oberleitung für 600 Volt elektrifiziert. Es diente der Werkbahn zum Stralauer Glaswerk. Der Verkehr wurde, mit Ausnahme der S-Bahn, trotzdem mehrheitlich mit Dampf- und Dieseltraktion abgewickelt. Auch aktuell kommen noch Dieseltriebwagen zum Ostkreuz. Die Niederbarnimer Eisenbahn bedient die Linie RB25 nach Werneuchen mit Talbot-Talenttriebwagen wie auf dem Bild zu sehen ist. Aufgrund der großen Veränderungen gibt es außer den Häusern im Hintergrund keine Wiedererkennungsmerkmale.

Korbinian Fleischer

Joachim Schmidt

9. Mai **2020**

Nun sind wir auf dem südlichen Abschnitt der Ringbahn angekommen. Wir befinden uns an der Station **Treptower Park** und damit der letzten Station der Ringbahn, die während der Teilung Berlins im Ostteil in Betrieb war. Mit dem Mauerbau 1961 wurden die Verbindung nach West-Berlin unterbrochen und die Züge in Richtung Süden ausschließlich auf die Görlitzer Bahn geleitet. Die nicht genutzten Gleisanlagen wurden bei der Erneuerung der Brückenbauwerke im Kreuzungsbereich von Görlitzer- und Ringbahn bis 1981 weitestgehend zurückgebaut. Mit der deutschen Wiedervereinigung stand auch der Lückenschluss zwischen Treptower Park und Sonnenallee zur Debatte. Das Vorhaben konnte jedoch erst 1997 umgesetzt werden, da die alten Gleisverbindungen am Treptower Park nicht mehr vorhanden waren. Auch sollte die neue Ringbahntrasse die geplante Verlängerung der Stadtautobahn nicht behindern. Was vielen Besuchern zunächst nicht ins Auge sticht ist, dass die Gleise der Görlitzer Bahn die Spree nicht mehr auf der genieteten Brücke überqueren, sondern eine neue geschweißte Brückenkonstruktion erhalten haben.

8. August **1977**

Korbinian Fleischer

Bodo Schulz

16. Juni **1988**

4. Juli **2020**

Im Gegensatz zur Ringbahn im Norden dient der Südabschnitt hauptsächlich dem S-Bahn-Verkehr. Nur wenige Güterzüge und keine Reisezüge fahren dort auf den Ringbahngleisen neben der S-Bahn. Wie überall ersichtlich, ist die Zeit der Güterbeförderung auf der Schiene auch hier stark reduziert. Der **Güterbahnhof Halensee** ist mitsamt dem Stellwerk von der Bildfläche verschwunden. Aber es geht nicht nur rückwärts: Die Gleise der S-Bahn, die auf der Aufnahme von 1988 noch brach lagen, sind inzwischen komplett erneuert und wieder voll in Betrieb. Unverändert steht im Hintergrund der Funkturm, den wir auf Seite 62/63 bestiegen haben.

Korbinian Fleischer

Grenze über Berlins Schienen

Einen scharfen Schnitt in Berlins Eisenbahnnetz brachte der 13. August 1961 mit sich. Während der Fernverkehr sich in den Jahren zuvor bereits jeweils entweder auf den Ost- oder den Westteil beschränkte, wurde nun auch der S-Bahn-Verkehr unterbrochen. Auf den unterbrochenen S-Bahn-Verkehr gehen wir im folgenden Band „Schienenwege gestern und heute – S-Bahn Berlin" ein. Dieses Kapitel widmen wir ausschließlich den unterbrochenen Eisenbahnstrecken für den Regional- und Fernverkehr sowie den alltäglichen Güterverkehr.
Der Zugverkehr mit Transitzügen von Berlin-Zoo in die Bundesrepublik war über viele Jahre aufgrund der langen Reisezeiten unattraktiv. Erst Anfang der 1980er-Jahre mit dem Abschluss der Verkehrs- und Transitverträge mit der DDR gab es Verbesserungen. Die Kontrollen wurden vereinfacht und damit verkürzte sich auch die Fahrzeit. Daher stieg nicht nur die Zuganzahl auf 19 Zugpaare im Bahnhof Zoo, sondern auch die der Reisenden. Waren es 1971 nur 1,2 Millionen Fahrgäste, so konnten 1981 schon 3,1 Millionen Menschen befördert werden. Die Grenzbahnhöfe und die Grenzsicherung blieben jedoch weiterhin in Betrieb und auch die Unterbrechung einiger Strecken konnte erst nach der Wiedervereinigung in den 1990er-Jahren beendet werden.

Diese Aufnahme entstand im August 1967 in Lichterfelde Süd. Der Fotograf Hans-Jürgen Goldhorn blickt gen Süden auf die stillgelegten Bahnanlagen und dem Verfall preis gegebenen Formsignale. Hier berührt der Güteraußenring die Anhalter Bahn.

Am 22. Januar 1990 konnte man schon im ehemaligen Grenzbahnhof Griebnitzsee fotografieren. Noch Wochen zuvor war das Fotografieren der Grenzanlagen verboten und wurde strengstens bestraft. Der D-Zug 350 von Berlin-Stadtbahn nach Saarbrücken steht gerade im Bahnhof.

Bodo Schulz

Vom Nennhauser Damm in West-Berlin konnte man im August 1968 einen Blick auf den Grenzbahnhof Staaken werfen. Nach 1990 wurde an dieser Stelle die Grenze zwischen Berlin und Brandenburg in Richtung Westen verschoben sodass Neustaaken ein Teil Berlins wurde.

Hans-Jürgen Goldhorn

Bodo Schulz

4. Februar **1990**

20. September **2020**

Korbinian Fleischer

Der markanteste Bahnübergang im Bereich der innerdeutschen Grenze war das sogenannte „Elefantentor“ in **Berlin-Staaken**. Das Tor sicherte den Bahnübergang der inzwischen zurückgebauten Staakener Feldstraße. Der S-Bahnhof Staaken lag östlich, der Grenzkontrollbahnhof Staaken westlich dieses Punktes. Die Absperrung verlief wie eine Ausstülpung von der Mauer aus westwärts bis zum Kontrollhalt in Staaken. Das „Elefantentor“ fungierte auch nach Abbau der Sperranlagen weiter wie ein beschrankter Bahnübergang. Nach 1996 wurden der Kontroll-Bahnhaltepunkt und der Übergang abgebrochen. Nun besteht an dieser Stelle eine Fußgängerunterführung, die den alten schienengleichen Bahnübergang ersetzt. Die rote „Ferkeltaxe“ überlebte übrigens die Wende und wurde umfassend modernisiert. Ab 1995 fuhr sie als 771 065-0 bei der Usedomer Bäderbahn. 2021 steht der Triebwagen als Denkmal im Bahnhof Heringsdorf. Der Zug auf der aktuellen Aufnahme zeigt den Inter-Regio-Express, einen eigenwirtschaftlichen Zug von DB-Regio zwischen Berlin und Hamburg, der aus ehemaligen Inter-Regio-Waggons besteht. Finden Sie auf der aktuellen Aufnahme ein Wiedererkennungsmerkmal? Ein kleiner Tipp: Hinter dem Haus mit dem blau-grauen Dach sieht man ein Haus mit rotem Dach und mittigem Schornstein. Das Gebäude gab es auch schon 1990.

Der **Haltepunkt Staaken** ist heute ein gut frequentierter Haltepunkt vor den Toren Spandaus, der im Halbstundentakt bedient wird. Nach dem Krieg wurde das Berliner „Weststaaken“ in die DDR eingemeindet. Weil die Briten einen Flugplatz wollten, vereinbarte man einen Gebietstausch im Südwesten von Berlin. Der Hauptgrund hierfür war der von den Briten genutzte Flugplatz Gatow. Hitler hatte ihn 1935 eröffnet und war zu seinen Flügen Richtung Berchtesgaden stets von dort aus gestartet. Am 26. April 1945 waren es dann Hanna Reitsch und Generaloberst Robert Ritter von Greim, die in Gatow zu ihrem Flug ins eingekesselte Berliner Zentrum aufbrachen. Am selben Tag nahm die Rote Armee den Flugplatz ein. Anfang Juli wurde der Stützpunkt von den Sowjets wie vereinbart an die Royal Air Force übergeben. Schon dabei deutete sich an, dass mit dem Ende des Krieges sich auch deren Waffenbrüderschaft dem Ende zuneigte: Da das Vorauskommando der Briten etwas früher als vereinbart auftauchte, wurde sein Kommandeur von den Rotarmisten erst mal für zwei Tage festgesetzt – so schildert es Squadron Leader G. D. Wilson in seiner kurzen, 1971 publizierten „History of Gatow“. Trotz solchen Fingerhakelns wurde der Flugplatz dann doch korrekt übergeben, es blieb aber das Problem, dass er über den britischen Sektor hinaus und in sowjetisches Einflussgebiet hineinragte. Andererseits lag der von den Sowjets genutzte Flugplatz Staaken teilweise auf Spandauer Gebiet. Doch fanden beide Siegermächte einen aus ihrer Sicht praktikablen, vom Alliierten Kontrollrat sanktionierten Kompromiss. So kam „Weststaaken“ in die sowjetische Besatzungszone, blieb aber noch bis 31. Januar 1951 unter britischer Verwaltung. Der durchgehende Zugverkehr wurde unterbrochen. Auf West-Berliner Seite wurde 1951 die S-Bahn von Spandau West um eine Station bis Staaken verlängert. Schon in den 1930er-Jahren war eine Verlängerung der S-Bahn bis ins brandenburgische Wustermark angestrebt worden. Der neue S-Bahnhof Berlin-Staaken lag in West-Berlin. Auf der anderen Seite des Nennhauser Damms lag auf DDR-Gebiet der Bahnhof Staaken Kr. Nauen, von wo aus Vorortzüge in Richtung Wustermark und Nauen verkehrten. Zum Umsteigen zwischen S-Bahn und Vorortzügen mussten die Reisenden die Bahnhöfe wechseln und dabei eine Kontrollstelle passieren. Mit dem Mauerbau kam ein weiterer Bahnhof Staaken weit vor der Grenze hinzu: Staaken (DDR). Er diente der Kontrolle von Güterzügen zwischen West-Berlin und West-Deutschland, die im Transit durch die DDR fuhren. Mit der deutschen Wiedervereinigung wurde ganz Staaken wieder Bestandteil des Bezirks Spandau. Im Regionalverkehr fuhren ab 1990 wieder durchgehende Züge aus Nauen über die Lehrter Bahn nach Berlin-Spandau, die ab 1991 das bisherige Zugangebot komplett ersetzten. Die alten Staakener Bahnhöfe wurden bei den Bauarbeiten abgerissen. 1998 wurde der neugebaute Bahnsteig seitlich der ICE-Trasse in Höhe des von 1951 bis 1976 existierenden Bahnhofs eingeweiht.

Bodo Schulz

27. April **1988**

3. Juli **2020**

Korbinian Fleischer

Korbinian Fleischer

20. September
2020

Die Züge zwischen Berlin und Hamburg wurden bis 1961 im **Grenzbahnhof Staaken** abgefertigt. Zwischen 1961 und 1976 diente der Grenzbahnhof nur dem Güterverkehr. Die Personen- und Transitzüge verkehrten über den Grenzbahnhof Wannsee/Griebnitzsee. Als 1976 Staaken auch von Transitzügen des Reiseverkehrs zwischen Berlin und Hamburg passiert werden sollten, entstand ein neuer Kontrollbahnhof Staaken (DDR). Die Transitgleise waren zwischen Grenze und dem Kontrollbahnhof auf beiden Seiten durch eine hohe Schutzwand abgeriegelt. Der Bahnhof Staaken (Kr. Nauen) für den Binnenverkehr innerhalb der DDR wurde nach Westen an die Feldstraße verschoben. Dort endeten die Personenzüge aus Richtung Wustermark an einem separaten Kopfgleis südlich der Schutzwand zu den Transitgleisen. Ab 1996 wurde die Lehrter Bahn als eines der Verkehrsprojekte Deutsche Einheit für eine Höchstgeschwindigkeit von 250 km/h ausgebaut. Seitdem ist von den Grenzanlagen alles restlos verschwunden.

24. Juli **1990**

Bodo Schulz

Korbinian Fleischer

26. August **2020**

Bodo Schulz

Schon im Kapitel der Stadtbahn haben wir den Bahnhof **Berlin-Friedrichstraße** besucht. Trotzdem darf er natürlich beim Kapitel über die Grenzen- und Grenzbahnhöfe keinesfalls fehlen. Daher haben wir uns entschieden, hier im Kapitel Grenzbahnhöfe nochmals einen Besuch an der Stadtbahn zu machen. Wir befinden uns im Erdgeschoss der Grenzübergangsstelle im Bahnhof Friedrichstraße.

21. Juni **1990**

Korbinian Fleischer

17. Mai
2020

Oberhalb der S-Bahn-Haltestelle **Bornholmer Straße** befindet sich die Bösebrücke, die zwischen 1961 und 1989 Grenzübergangsstelle zur DDR war. Die Straßenbahnlinie über die Brücke wurde unterbrochen. Am 9. November 1989 war dies der erste Grenzübergang, an dem die Schranken fielen. Eisenbahntechnisch lag der Bahnhof unmittelbar im Grenzbereich des sowjetischen zum französischen Sektor. Um Ost-Berliner Reisende in Richtung Pankow nicht mehr über den West-Berliner Bahnhof Gesundbrunnen zu führen, wurde ab Ende 1952 die für den Güterverkehr bestehende Verbindungskurve aus Richtung Schönhauser Allee für den S-Bahn-Betrieb elektrifiziert. Die Gleise führten östlich am Bahnhof Bornholmer Straße vorbei, die Züge hielten dort nicht. Der Bahnhof wurde beim Bau der Berliner Mauer geschlossen, die S-Bahnen fuhren ohne Halt durch. Die direkt am westlichen Gleis verlaufende Sektorengrenze markierte ein Drahtgitterzaun, der im Lauf der Jahre erhöht und verstärkt wurde. Der West-Berliner Zugverkehr in Richtung Frohnau und Heiligensee wurde von nun an nur über die Gleise am westlichen Bahnsteig A abgewickelt, wobei die Züge nicht hielten. Der Bahnhof Bornholmer Straße wurde zu einem Geisterbahnhof. Der Zugverkehr von Schönhauser Allee in Richtung Bernau und Oranienburg erfolgte über die Verbindungskurve, die nach 1961 zweigleisig ausgebaut und von den Ferngleisen getrennt wurde. Nach der Wiedervereinigung wurde der Bahnhof bis 1997 wieder vollständig in Betrieb genommen.

Heinz Krautzschick

1. Mai
1964

28. Juni
1995

Gerhard Greß

Bodo Schulz

2. August **1986**

Wir bleiben noch im **Gleisvorfeld der Bornholmer Straße** mitten im Grenzgebiet zwischen Ost- und Westberlin. Die historische Aufnahme zeigt einen französischen Militärzug. In den Zügen wurden nicht nur französische Militärangehörige transportiert, sondern auch zur Mitfahrt berechtigte Zivilpersonen und Schülergruppen, beide natürlich nur mit französischer Nationalität. Den Zug begleitete ein Zugchef, der in der Regel ein Offizier war. Diesem standen zwei Gendarmen und vier Wehrpflichtige zur Verfügung. Ein Funker hielt während der Fahrt durch die DDR die Verbindung mit dem Kommandostab aufrecht. Der Franzosenzug war der letzte verkehrende Militärzug der Alliierten. Am Abend des 28. September 1994 verließ er letztmalig den „Gare Francaise Berlin-Tegel". Ein Waggon des französischen Militärzugs kam ins Berliner Alliierten-Museum. Weitere Waggons laufen im El-Achai-Friedenszug in der Schweiz. Beide Bilder entstanden von der Behmbrücke, die inzwischen wieder komplett befahrbar ist. Bis zum Jahr 2002 war sie am ehemaligen Grenzverlauf unterbrochen.

2. Juli **2020**

Korbinian Fleischer

Hermann Kuom

2. August **1990**

Wir blicken nun von der **Bösebrücke** in Richtung Stadtmitte. Im Hintergrund ist die Behmbrücke mit der ehemaligen Zufahrt zum Eberswalder Güterbahnhof zu sehen. Von dort wurden die beiden Aufnahmen auf der vorherigen Seite gemacht. Die historische Aufnahme entstand nach dem Mauerfall. Die Rückbauarbeiten haben bereits begonnen. Doch noch kann man rechts deutlich die Vorderlandmauer sehen. Die Hinterlandmauer hinter der S-Bahn markiert den Beginn des Sperrgebiets. Die eigentliche politische Grenze verlief an der Bornholmer Straße rechts der Vorderlandmauer am Rand der Bahngleise. Die gesamte Bahnanlage lag also auf ostdeutschem Boden. Aufgrund der beengten Platzverhältnisse war die Vorderlandmauer oft identisch mit der politischen Grenze. Ab 1961 war die S-Bahn-Haltestelle Bornholmer Straße geschlossen und verkam bis zur Wiedereröffnung im Dezember 1990 zum Geisterbahnhof. Alle Grenzanlagen befanden sich auf DDR-Boden.

16. September **2020**

Burkhard Wollny

Michael Behr

22. Juli **1976**

3. Oktober **2020**

Korbinian Fleischer

Vom **Schwedter Steg** hat man einen guten Blick auf die Berliner Ringbahn und die Verbindungskurve in Richtung Norden. Der Schwedter Steg entstand als Ersatz für die Verlängerung der Schwedter Straße bis zur Brehmstraße. 2021 überquert er wieder die Ringbahngleise, die im Rahmen der deutschen Teilung auch unterbrochen waren. 2021 sind die Ringbahngleise wieder durchgehend befahrbar. Die tristen Wohnblöcke an der Kopenhagener Straße wurden inzwischen grundlegend saniert und gehören inzwischen zu den besseren und auch nicht mehr so preiswerten Wohnlagen in Berlin. Auf der historischen Aufnahme ist ein Güterzug mit einer Dampflok der Baureihe 52 zu sehen, die mit einem Giesl-Ejektor ausgerüstet ist. Er bewirkt verbesserten Saugzug und dadurch bessere Energieausnutzung. Die Aufnahme entstand damals vom nördlichsten Punkt des Eberswalder Güterbahnhofs, der von Westen aus zugänglich war, weil es den Schwedter Steg natürlich vor 1990 nicht gab. Im Jahr 2020 wurde 52 8141 der Ostsächsischen Eisenbahnfreunde Löbau im Rahmen einer Hauptuntersuchung im Dampflokwerk Meiningen mit einem Giesl-Flachejektor ausgerüstet. Sie ist zu diesem Zeitpunkt die einzige betriebsfähige Dampflok in Deutschland mit einer derartigen Saugzuganlage.

Bodo Schulz

Korbinian Fleischer

19. September **2020**

18. Juni **1990**

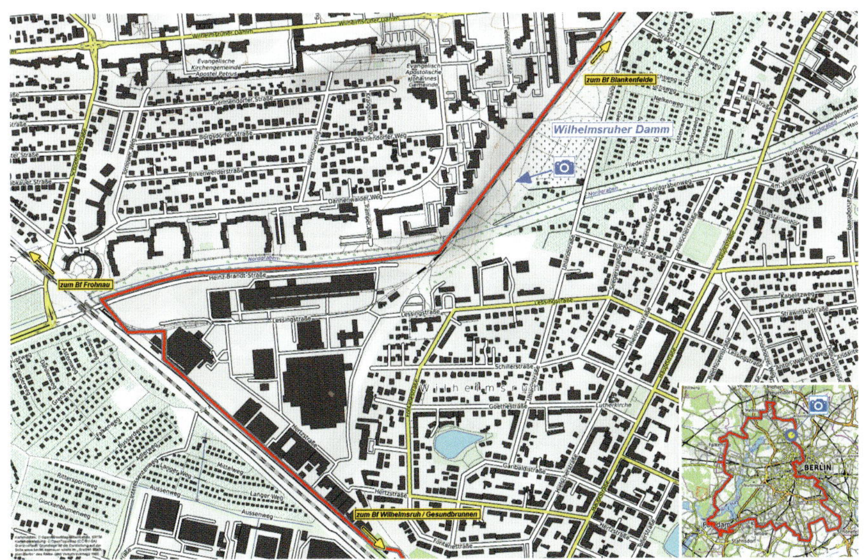

Nun befinden wir uns am **Wilhelmsruher Damm**. Die Hochhäuser gehören zu West-Berlin, der Zug verkehrt im Sperrgebiet zwischen der politischen Grenze (siehe Karte) und der Hinterlandmauer. Zum Zeitpunkt der Aufnahme sind allerdings beide Mauern schon durchlässig und auch von den Grenzsoldaten werden Fotos geduldet, was ein Jahr zuvor noch unmöglich gewesen wäre. Die Gleise gehören zur Heidekrautbahn von Berlin-Wilhelmsruh nach Basdorf. Infolge der deutschen Teilung wurde 1950 die Heidekrautbahn mittels einer knapp zehn Kilometer langen Neubaustrecke in Berlin-Karow an die Stettiner Bahn angeschlossen. Damit konnte West-Berlin umfahren werden. Der Kleinbahnhof Berlin-Wilhelmsruh wurde abgerissen, weil er mitten im Grenzgebiet lag, während das Streckengleis bis wenige Meter vor dem Abzweigbahnhof für den Güterverkehr genutzt wurde. Dieses Anschlussgleis wird weiterhin von der im Pankow-Park angesiedelten Firma Stadler Rail genutzt, um über den südlichen Ast der Heidekrautbahn fertige Triebwagen zu transportieren. Es ist geplant die alte Verbindung der Heidekrautbahn wieder für den Personenverkehr zu reaktivieren.

Korbinian Fleischer

12. September **2018**

Nun springen wir in den Südosten Berlins an die Ringbahn zwischen die heutigen **Ringbahn-Haltestellen Sonnenallee und Treptower Park.** Die Ringbahn war durch die Teilung in diesem Bereich unterbrochen, jedoch wurden die noch in Betrieb befindlichen Gütergleise vom Görlitzer Bahnhof noch vom Treptower Güterbahnhof aus bedient. Um dorthin zu gelangen, musste Ost-Berlin im Transit durchquert werden. (siehe Karte). Dies geschah über Jahre mit einem „Goldbroiler", wie der 106 287, die zum Zeitpunkt der Aufnahme auch schon 17 Jahre alt war, aber optisch einen äußerst gepflegten Eindruck macht. Noch einmal zwölf Jahre durfte die Lok am aktiven Bahnbetrieb teilnehmen, ehe sie 1994 arbeitslos wurde und drei Jahre später in Hoyerswerda mangels Bedarf verschrottet wurde. Die Erstellung der Vergleichsaufnahme war nur durch den Bau der Autobahn 100 und in Folge der Sperrung der Ringbahngleise möglich. Als Wiedererkennungsmerkmal dienen die Wohnhäuser ganz links im Bild.

Bodo Schulz

3. Oktober
1982

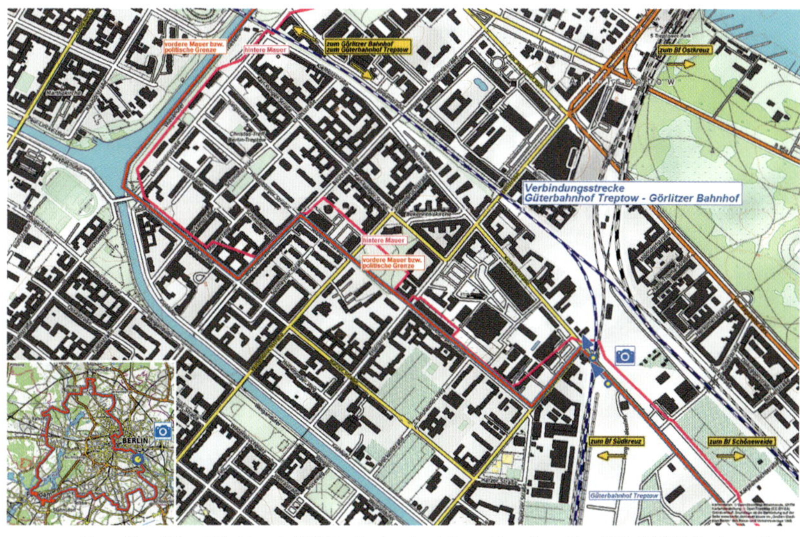

OpenStreetMap-Mitwirkende SRTM – Kartendarstellung OpenTopoMap (CC-BY-SA) Andreas Illgen

Hermann Kuom

13. April
1975

5. Dezember
2020

Leo Josef Weitz

Heinz Krautschick

8. August **1966**

Nun springen wir tief in den Westen Berlins nach **Kohlhasenbrück**, das südlich vom Bahnhof Wannsee liegt. Unser Motiv befindet sich kurz nach der Teltowkanalbrücke, die wir bereits auf Seite 137 kurz vorgestellt haben. Bekannt ist der Ort durch den Schriftsteller Heinrich von Kleist, der unter dem Namen Michael Kohlhaas dem Kaufmann Hans Kohlhase ein literarisches Denkmal setzte. Aber zurück zur Eisenbahn:
In diesem Bereich gab es ab 1961 viele gleistechnische Veränderungen. Der ursprünglich zweigleisige Abzweig nach rechts zum Grenzkontrollbahnhof nach Potsdam bedingte den Betrieb des Stellwerks Griebnitzsee (Khb) im Grenzgebiet. Um dieses entbehrlich zu machen, wurden die Gleisanlagen so reduziert, dass ab 1970 keine Weichen mehr benötigt wurden. Der Abschnitt zwischen Berlin-Zehlendorf und der Aufnahmestelle ist übrigens auch 2021 noch stillgelegt und größtenteils abgebaut. Die Vergleichsaufnahmen zeigen deutlich die Veränderungen mit der Verstärkung der Grenzanlagen und 2020 wieder ohne die unnatürliche Grenze. Bemerkenswert ist vielleicht auch für Dampflokfreunde der Inhalt des Tenders der 01.5: Die meisten Heizer im Museumsbahnverkehr würden sich heute sträuben diesen Kohlestaub in ihre Loks zu schaufeln. Die Deutsche Reichsbahn musste damit sogar den Schnellzugverkehr durchführen.

Griebnitzsee war eine GÜSt (Grenzübergangsstelle). Man konnte dort nicht in die DDR einreisen, es war nur eine Kontrollstelle für Transitzüge. Der Bahnhof war hermetisch gegen die Umgebung abgeriegelt und es gab keine Nahverkehrsverbindung von dort nach Potsdam. 30 Jahre später sind in Griebnitzsee fast alle Spuren von damals getilgt. Einzig ein paar Zäune wurden beim Rückbau vergessen. Die historische Aufnahme von 1990 wäre auch Monate zuvor unmöglich gewesen. Aber noch zu DDR-Zeiten, die Wiedervereinigung erfolgte bekanntlich erst am 3. Oktober 1990, wurde der Regionalverkehr wieder aufgenommen. Die Reichsbahn-Lokomotive 118 567-7 trägt übrigens eine Sparlackierung, bei der die Fortsetzung des weißen Zierstreifens der Lokfront an den Seitenwänden fehlt.

4. Juli

2020

Korbinian Fleischer

Bodo Schulz

14. September
1990

Bis in den Fabrikhof

„Der Schienengüterverkehr hat flächendeckenden Zugang zu Verkehrsquellen und -zielen unmittelbar über Gleisanschlüsse". Dieser Satz aus dem „Masterplan Schienengüterverkehr" ist leider eine ferne Vision. Denn die Fakten sprechen in Deutschland seit Jahren eine andere Sprache: Während es im Jahr 1997 noch rund 11.000 Anschlüsse ans deutsche Schienennetz gab, waren es 2015 nur noch kümmerliche 3.250. Die Bundesnetzagentur geht sogar davon aus, dass lediglich 1.600 Gleisanschlüsse tatsächlich von der verladenden Wirtschaft genutzt werden können. Am Beispiel Berlins kann man dies besonders gut sehen. Von unseren nachfolgenden zehn Bildpaaren von Anschlussbahnen in Berlin ist gerade noch eine in Betrieb. Bei den anderen Bahnen fehlen die Gleise oder sind sogar die Betriebe mitsamt ihrer Anschlussbahnen verschwunden.

Doch auch die neuen Standorte, oftmals auf der „grünen Wiese", sind frei vom Schienengüterverkehr und meist dicht am Autobahnnetz angesiedelt, das die Hauptlast des Güterverkehrs in Europa zu verkraften hat. Vorbei sind die Zeiten, als Kleinlokomotiven einzelne Waggons in den Betrieben zustellten. Dies sind nur noch Szenen, die auf der Modellbahn weiterleben dürfen. Ein Grund für diese Entwicklung ist aber auch die aktuelle betriebswirtschaftliche Rechnung: Wenn alle Sparten einzeln betrachtet werden und eine Rentabilität erwirtschaften müssen, gibt es für die Anschlussbahnen keine Chance mehr. Dies wurde vor allem im Konzept MORA C (Marktorientiertes Angebot Cargo) der Deutschen Bahn AG 2001 ersichtlich. Aber wenn alle Zulieferstrecken gekappt werden, dann rollen auch auf den wirtschaftlich zu betreibenden Strecken weniger Güterzüge. Vor diesem Dilemma steht die Güterverkehrstochter der Deutschen Staatsbahn, DB Cargo, aktuell. Sie ist als Ganzes nicht mehr wirtschaftlich.

Hermann Kuom

An der Kreuzung Rohrdamm/Motardstraße in Berlin-Siemensstadt ist im Mai 1985 die Lok 4 mit Thyristor-Impulssteuerung der Siemens-Güterbahn unterwegs. 1988 wurde der elektrische Fahrbetrieb aufgegeben. Um die Jahrtausendwende endete der gesamte Bahnbetrieb. Jüngst wurde die Straße saniert. Dabei wurden auch die längst nicht mehr genutzten Schienen ausgebaut.

Sie sind selten geworden: die reinen Industriebahnen, wie die Industriebahn-Gesellschaft Berlin mbH (IGB) mit dem „Kaffeezug“, aufgenommen von Hermann Kuom im Jahr 2009 in Berlin-Neukölln. Seit 1993 verkehrt der 510 Meter lange Zug mit 60 Containern, die etwa 1.200 Tonnen Rohkaffee enthalten, aus Bremen zweimal wöchentlich zu einer Rösterei der Firma Mondelez International in der Nobelstraße. Im Hintergrund ist die Landwehrkanalbrücke zwischen den S-Bahn-Haltestellen Köllnische Heide und Neukölln zu sehen.

Hermann Kuom

Karsten Risch

Im Rangierbahnhof Nonnendammallee begegnet die Siemens-Güterbahnlok 3 im August 1975 dem Fotografen Karsten Risch. Ein Bild aus diesem Bereich gibt es auch auf Seite 99 zu sehen. Bei der Lok handelt es sich um die Hälfte der Schnellfahrversuchslok der Strecke Marienfelde – Zossen. Sie ist heute im Technikmuseum Berlin ausgestellt. Auch der zweite Teil der Lok blieb erhalten und steht als Denkmal vor dem Bahnhof Murnau in Oberbayern.

Im August 1965 rangiert die T3 des Gaswerks Mariendorf einen offenen Güterwagen auf dem Werkbahngelände. Die preußische Maschine war schon damals unter Eisenbahnfreunden bekannt. Im Gaswerk wurde aus Kohle Stadtgas produziert. Die Maschine hatte nach 1967 eine interessante wechselvolle Museumsgeschichte und steht heute im Technikmuseum Berlin.

Heinz Krautschick

Bodo Schulz

30. April **1986**

17. Mai **2020**

Korbinian Fleischer

Das 1898 fertiggestellte **Borsig-Werktor** zum ehemaligen Betriebsgelände der Borsigwerke entwickelte sich schnell zum markanten Erkennungszeichen des Firmensitzes. Es wurde zum Wahrzeichen der Werke, die 1827 von August Borsig vor dem Oranienburger Tor gegründet und nach wenigen Jahrzehnten zum größten Lokomotiv-Produzenten Europas geworden waren. Die Anschluss- und Werkbahn führte vom Güterbahnhof Tegel bis an den firmeneigenen Hafen am Tegeler See. Über Weichen und Drehscheiben waren alle Werkteile erreichbar. Die Rohstoffzufuhr erfolgte auf dem Wasserweg, die fertigen Produkte verließen das Werk auf der Schiene. Ab 1986 war die Thyssen-Bandstahl GmbH für den Betrieb der Bahn verantwortlich. 1995 wurde mit dem Produktionsende auch der Bahnbetrieb eingestellt. Stellenweise liegen noch Gleisreste.

Werner Eggebrecht

14. April **1967**

3. Juli **2020**

Über 50 Jahre liegen zwischen den beiden Aufnahmen aus dem **Bahnhof der BEHALA im Berliner Westhafen**. Markant zu sehen ist das BEHALA-Verwaltungsgebäude mit dem 52 Meter hohen Turm, das auf Zeichnungen des bekannten Architekten Richard Wolffenstein basiert. Während für die Verwaltung neue Büroräume geschaffen wurden und auch die Industriebahn eine neue Werkstatt erhalten hat, veränderte sich an den Gleisanlagen erstaunlich wenig. Etliche Handweichen wurden allerdings mit elektrischem Antrieb versehen, um einen einfacheren Betriebsablauf zu ermöglichen. Auf der aktuellen Aufnahme ist die BEHALA-Lok 3, eine M700C mit Baujahr 1973 von Krauss-Maffei, zu sehen, während auf dem historischen Foto eine Köf und die BEHALA-Lok 7 (im Lokschuppen) zu sehen sind.

Korbinian Fleischer

Korbinian Fleischer

14. September **2020**

Nun besuchen wir die **Siemens-Güterbahn**, die seit der Jahrtausendwende auch komplett eingestellt ist. Nicht zu verwechseln ist die Güterbahn mit der Siemensbahn. Als Siemensbahn wird die gerade noch stillgelegte S-Bahn-Strecke von Jungfernheide zum Bahnhof Gartenfeld bezeichnet. Das Foto entstand an der Kreuzung Gartenfelder Straße / Saatwinkler Damm. Vom Übergabebahnhof Nonnendammallee führte die Siemens-Güterbahn entlang der Gartenfelder Straße zum Kabelwerk Spandau. Während die Gleise im Werk noch vorhanden sind, fehlen sie auf öffentlichem Grund komplett. Das Siemens-Kabelwerk in Gartenfeld wurde 1998 verkauft und 2002 geschlossen.

13. August **1988**

Hermann Kuom

Bodo Schulz

4. September **1986**

Nun sind wir im Übergabebahnhof Nonnendammallee. Noch heute gibt es diesen Bahnhof, der jedoch nicht mehr angefahren werden kann. Die Zufahrt vom Bahnhof Ruhleben ist überwuchert und zum Teil überteert. Von hier aus ging es früher zu den Anschlüssen der Siemens AG via Osram, den Siemens-Kabelwerken, vorbei am Bahnhof Gartenfeld und in Richtung Eiswerder/Salzhof. Zugleich war er die Verbindung zur weiten Welt der Eisenbahn via DR-Gleisen durch das Kraftwerk Reuter hindurch. Rechts steht die DR-Lok 130 001, die den Zug bis zum Übergabebahnhof gebracht hat. Sie wurde bereits 1994 ausgemustert und verschrottet. Bei der Siemens-Lok handelt es sich um die Lok 1, die ursprünglich als Akku-Lok 10 im Einsatz stand. Der Akku wurde in den 1950er-Jahren ausgebaut und durch Schienenschrott als Gewicht ersetzt. Sie hat die Wirren der Zeit unbeschadet überstanden und ihren Platz beim Verein Nostalgiebahnen Kärnten gefunden.

14. September **2020**

Korbinian Fleischer

Korbinian Fleischer

2. Juli **2019**

Die historische Aufnahme zeigt einen der ganz typischen Berliner Privatanschlüsse, wie sie zu hunderten vorhanden waren. Wir befinden uns **nördlich des Lehrter Bahnhofs am Friedrich-Krause-Ufer**. Die preußische T 14 von 1917 mit der Nummer 93309 holt einen leeren offenen Güterwagen ab. Der Versender überwacht den Vorgang akribisch. Im Hintergrund rollt ein Dreiviertelzug der S-Bahn in Richtung Wedding. Hinter der S-Bahn befinden sich die Fabrikgebäude der Auergesellschaft. Das Unternehmen stellte Gasmessanzeiger, Sensoren und Leuchtstoffröhren her und fusionierte 1958 mit dem amerikanischen MSA-Konzern. Das Gleisgelände und ist inzwischen mit zwei Discountern bebaut. Das Gebäude vom Aldi-Nord wird fast vollständig vom zum Zeitpunkt des Fotos leerstehenden Gebäude von Kaisers Tengelmann im Vordergrund verdeckt.

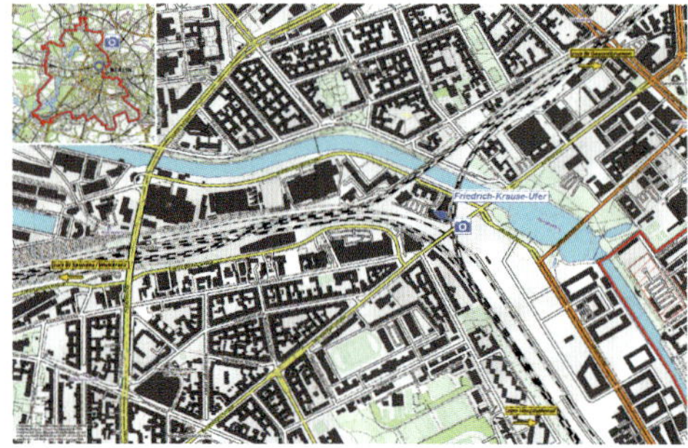

12. März

1961

Jürgen Hagemann

Korbinian Fleischer

19. September
2020

17. Januar
1987

Bodo Schulz

Errichtet auf dem engen Raum zwischen den Bauten der Gesellschaft für Markt- und Kühlhallen und dem Gleisdreieck der U-Bahn, galt der **Postbahnhof/Postamt SW 77** einst als größtes Paketumschlagamt in Deutschland. Mehr als 50 Prozent des gesamten Berliner Paketaufkommens und ein noch weit höherer Durchgangsverkehr wurden über das Postamt SW 77 beziehungsweise über den Postbahnhof abgewickelt. Als letzter der Bahnhöfe im Areal des Gleisdreiecks blieb er sogar bis in die 1990er-Jahre in Betrieb. Zwischenzeitlich leerstehend, nutzte das Deutsche Technikmuseum Teile des Bahnhofs von 1997 bis 2002 als Depot für das 1996 übernommene AEG-Archiv. Heute befindet sich der ehemalige Postbahnhof in privatem Besitz der Premium Capital OHG. Unter dem Namen STATION-Berlin steht dieser ganzjährig als Veranstaltungsort zur Verfügung. Bei Eisenbahnfreunden waren die Postlokomotiven der Baureihe V60 überregional bekannt. Dabei handelte es sich um die Maschinen 261 157 (Lok 4) und 261 841 (Lok 5). Beide Maschinen waren nach ihrer Berliner Zeit bei der Hafenbahn in Osnabrück im Einsatz und sind noch beide vorhanden.

Eisenbahnstiftung/Wolfgang Bügel

31. Juli **1977**

9. Mai **2020**

Einst war **Schöneweide** einer der größten Industriestandorte Europas. Hier begann zu Beginn des 20. Jahrhunderts der Aufstieg Berlins zur Metropole der Elektrotechnik. 1890 wurde die Strecke von der Grundrenten-Gesellschaft erbaut. Sie führte vom Güterbahnhof Niederschöneweide-Johannisthal über die Stubenrauchbrücke zur Wilhelminenhofstraße. 1957 war die Bahn rund 13 Kilometer lang und bediente 30 Werksanschlüsse. Zwölf Jahre später, 1969, ging die Strecke wie auch das Rollmaterial an das VEB-Kombinat „Autotrans Berlin". Da die Güterbahn in der **Edisonstraße** den Verkehr massiv behinderte, wurde bis März 1979 eine Neubaustrecke errichtet. Anschließend konnte die Straßenbahn zweigleisig ausgebaut werden. Auf dem Foto ist die Lok 15 von 1914 zu sehen. Sie wurde bei AEG gebaut. Auch die vollmodernisierten TATRA-Triebwagen der BVG auf der aktuellen Aufnahme haben sich während der Buchproduktion aus dem Betriebsdienst verabschiedet.

Korbinian Fleischer

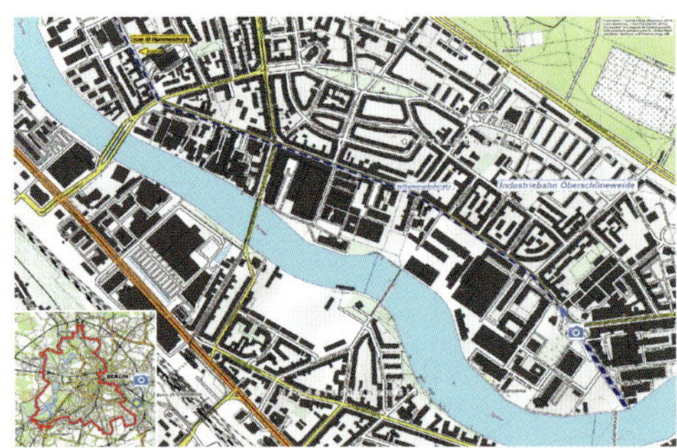

OpenStreetMap-Mitwirkende SRTM – Kartendarstellung Open-TopoMap (CC-BY-SA) Andreas Illgen

19. September 2020

1990 kam die **Industriebahn Oberschöneweide** an den Volkseigenen Betrieb (VEB) „Binnenhafen", die spätere Berliner Hafen- und Lagerhausgesellschaft (BEHALA), die den elektrischen Betrieb auf der Strecke 1995 einstellte. Ein Restbetrieb wurde durch einen Zweiwege-Unimog aufrechterhalten, bevor die Gleise 1996 endgültig stillgelegt wurden. In den folgenden Jahren wurde die Strecke größtenteils abgebaut oder im Zuge von Straßensanierungen entfernt. Stellenweise lassen sich aber noch traurige Überreste finden. In den 1980er-Jahren waren in Oberschöneweide 24.000 Personen beschäftigt. Nach der Wende musste das Kabelwerk Oberspree, das 1897 unter Emil Rathenau von der AEG gegründet wurde, schließen. Alle Versuche weiterhin produzierendes Gewerbe anzusiedeln, scheiterten. Nach umfangreichen Sanierungen ist das alte AEG-Gelände nun Teil der Hochschule für Technik und Wirtschaft Berlin.

Korbinian Fleischer

Bodo Schulz

5. April **1990**

Eisenbahnstiftung/Erich Preuß

27. Mai **1988**

12. September **2020**

Korbinian Fleischer

Die Lok 2 vom VEB Transformatorenwerk „Karl Liebknecht“ gelangte Ende der 1980er-Jahre vom Bahnpostamt Berlin-Ostbahnhof zur **Industriebahn Oberschöneweide**. Die Maschine ist eine V 18B, die an Industriebetriebe geliefert wurde. Bei der Reichsbahn wurden die Maschinen als V 15 und später als Baureihe 101 (311) bezeichnet. Nach der Übernahme der Bahn durch die BEHELA kam sie im Osthafen zum Einsatz. Heute steht sie als Denkmal vor dem Verwaltungsgebäude im Westhafen als Denkmal. Sehr interessant ist der offiziell zugelassene Plattformwagen mit einem westdeutschen VW-Logo. Hinter diesem Fahrzeug steckt ein Balcancar.

7. Mai **2020**

Korbinian Fleischer

Nun befinden wir uns beim **Bahnhof Marienfelde**. Dort war die Mariendorfer-Gaswerk-T3 im August 1965 noch regelmäßig im Einsatz im Rangierdienst zu beobachten. Der auf der historischen Aufnahme erkennbare Bahnübergang wurde durch eine Unterführung ersetzt. Die Gütergleise sind größtenteils zugewachsen. Als Wiedererkennungsmerkmal ist aber klar das Backsteinhaus direkt an den Gleisen auszumachen. Soviel zur Situation vor Ort. Die kleine Dampflok ist umgezogen und hat ihren trockenen Platz im Technikmuseum Berlin gefunden. Noch immer kann man die nachträgliche Verlängerung des Schornsteins deutlich sehen.

26. April **2018**

Korbinian Fleischer

10. August **1965**

Hermann Kuom

Pulsierender Bahnverkehr einst und heute?

Nach unseren Besuchen der bekannten Berliner Stadtbahn, der einst großen Zielbahnhöfe, der Grenzbahnhöfe und der oftmals verborgenen Güterbahnen zeigen wir im folgenden Kapitel ganz unterschiedliche Aufnahmen vom einst pulsierenden Bahnverkehr in Berlin. Meist, und das muss man als Eisenbahnfreund nachdenklich feststellen, reden wir tatsächlich von längst vergangenen Betriebssituationen. An der Schwelle zu den 20er-Jahren des neuen Jahrtausends ist der Stellenwert der Eisenbahn massiv gesunken. Im regionalen Güterverkehr ist die Eisenbahn praktisch komplett durch den Lkw ersetzt worden. Überregional hält sie auf bestimmten Relationen noch 15 % Marktanteil. Wenn man dann die Bildvergleiche betrachtet, wird schnell verständlich, warum so viel bei der Eisenbahn einfach brach liegt. Wenn teilweise der Verkehr um 80 % einbricht, wie dies nach der Wiedervereinigung oftmals der Fall war, werden auch keine großartigen Bahnbetriebswerke und Güterbahnhöfe benötigt. Aber schon zuvor, mit dem Ende des Bahnbetriebs, wurden viele Anlagen der Eisenbahn entbehrlich, denn die Wartung von E- und Dieselloks ist nicht nur deutlich günstiger, sondern auch viel platzsparender. Um möglichst viele interessante Bildvergleiche zeigen zu können, sind wir diesmal wieder im gesamten Berliner Raum unterwegs. Ortssprünge sind daher nicht immer ganz vermeidbar.

Hermann Kuom

Allein acht Diesellokomotiven der Baureihe V 60-Ost verbringen ihre Sonntagsruhe im Bahnbetriebswerk Pankow. Die liebevoll „Goldbroiler" genannten Maschinen wurden bei der Deutschen Bahn AG seit Jahren ersatzlos ausgemustert. Das Bahnbetriebswerk Pankow ist noch vorhanden, allerdings nicht mehr in Betrieb. Das Gelände ist abgesperrt, aber trotzdem bei Lost-Place-Liebhabern sehr beliebt.

Korbinian Fleischer

Der große Ostbahnhof, einst Hauptbahnhof Berlin zu DDR-Zeiten, ist im Jahr 2021 frei von Güterverkehr. Über die Stadtbahn verkehren keine Güterzüge mehr und der große Güterbahnhof östlich der Gleise wurde komplett aufgegeben. Stattdessen finden sich dort nun Baumärkte und ein Großmarkt.

Hermann Kuom

Auch das gab es schon 1974: Die Gaswerk-T 3 mit einem für Fotozwecke zusammengestellten Güterzug. Im Jahr 2021 werden in ganz Deutschland Schau-Güterzüge mit Dampfloks für Fotografen bespannt.

Burkhard Wollny

16. Januar
2020

10. Januar
1974

Wolfram Müller

Unsere erste Station in diesem Kapitel ist der **Bahnhof Springpfuhl** am heutigen Berliner Außenring östlich von Lichtenberg. Der Bahnhof liegt an den Gleisen der Wriezener Bahn, einer 1898 eröffneten Nebenbahn von Lichtenberg über Ahrensfelde und Tiefensee nordostwärts nach Wriezen im Oderbruch. Einen Haltepunkt gab es ursprünglich nicht. Mit den Planungen der Neugestaltung Berlins zur Reichshauptstadt Germania wurde die seit der Jahrhundertwende ins Auge gefasste Umgehungsbahn, der Außenring, wieder aufgegriffen, um den nicht für Berlin bestimmten Güterverkehr um die Stadt herumzuleiten. Mitte 1938 begannen die Arbeiten. Als 1941 die neue eingleisige Strecke von Biesenhorst bis Berlin-Karow in Betrieb ging, gab es in Springpfuhl einen Kreuzungsbahnhof mit zwei Gleisen, von dem nach Berlin-Marzahn eine Verbindungskurve abzweigte. 1971 erhielt Springpfuhl auch einen Bahnsteig für den künftigen S-Bahnhof. Der S-Bahn-Betrieb selbst wurde Ende 1976 eröffnet und in den Folgejahren parallel zu den neuen Wohnhäusern ausgebaut. Die Güterzugleise des Berliner Außenrings wurden Mitte der 1980er-Jahre elektrifiziert.

Wolfram Müller

10. Januar **1974**

16. September **2020**

Burkhard Wollny

Zwischen den S-Bahnhöfen Friedrichsfelde Ost und Berlin-Lichtenberg liegt an den Gleisen des Außenrings das Betriebswerk Berlin-Friedrichsfelde, das bereits 1899 als Zugbildungsstation Friedrichsfeld eröffnet werden konnte. Es besteht aus einer 160 Meter langen Triebwagenhalle, einer Kranhalle sowie einem Verwaltungsgebäude. Im Rahmen der Umstellung auf elektrischen Betrieb wurde es für die S-Bahn 1927 errichtet. 2006 wurde es geschlossen, allerdings mussten die Anlagen 2010 aufgrund fehlender Kapazitäten im Zusammenhang mit dem S-Bahn-Chaos 2009/2010 wiedereröffnet werden. Auf der historischen Aufnahme vor der Elektrifizierung ist auch noch der Wasserturm zu sehen, der im Oktober 1980 gesprengt wurde.

Hermann Kuom

10. August **1976**

16. März **2020**

Burkhard Wollny

Der **Bahnhof Berlin-Lichtenberg** war zu DDR-Zeiten einer der wichtigsten Personenbahnhöfe in Berlin. Wir widmen ihm und dem Bahnbetriebswerk in diesem Kapitel vier Bildvergleiche. Beginnen wollen wir mit einer Aufnahme, die vom Bahnsteig aus entstanden ist. Im Rangiereinsatz können wir eine Lok der Baureihe 55, eine ehemalige preußische G 8.1, beobachten. Die G 8.1 war die am häufigsten gebaute Länderbahnlokomotive. Nur von der Baureihe 52 wurden im Zweiten Weltkrieg mehr Lokomotiven fertiggestellt. Vor dem Eisenbahner-Wohnhaus ist noch ein Grünstreifen mit drei Pappeln und einer Trauerweide zu erkennen. Doch dieses Idyll ist bereits wenige Jahre später vorbei. Die Frankfurter Allee erhielt mit der Lichtenberger Brücke eine achtspurige Stahlbrücke über die Gleisanlagen des Bahnhofs Lichtenberg, die 1977 fertiggestellt wurde.

Bleiben wir noch für einen Moment im **Bahnhof Berlin-Lichtenberg**. Die historische Aufnahme zeigt den Bahnhof vor dem grundlegenden Umbau durch die Deutsche Reichsbahn, der im Jahr 1982 nach mehreren Jahren Bauarbeiten eröffnet werden konnte. Ab 1984 war auch neben der S-Bahn elektrischer Fahrbetrieb möglich. Der aktuelle Bahnhof wurde nach der Wiedervereinigung nochmals modernisiert, strahlt aber noch immer das Flair der Deutschen Reichsbahn der 1980er-Jahre aus. Aber statt Loks der Baureihe 143 mit Halberstädter Städteexpresswagen bekommt man am Bahnsteig den Flixtrain nach Stuttgart oder futuristisch anmutende Dieseltriebwagen der Niederbarnimer Eisenbahn zu sehen.

Korbinian Fleischer

1. Juni **2019**

23. September **1968**

Eisenbahnstiftung Joachim Schmidt

Nun haben wir den Bahnhof Berlin-Lichtenberg verlassen. Wir blicken auf das **Bahnbetriebswerk Berlin-Lichtenberg Ost** das auf Höhe der S-Bahn-Haltestelle Nöldnerplatz liegt. Beide Fotos entstanden aus den Wohnhäusern im Archibaldweg. Warum Gerhard Greß von dort 1979 ein Foto machen konnte, ist leider nicht mehr nachvollziehbar. Er verstarb vor wenigen Jahren. Wer lässt einen wildfremden Mann in seine Wohnung? Diese Frage stellte ich mir nicht. Dank meinem jungen Begleiter Tim Allgaier machten wir wohl keinen so unseriösen Eindruck, so dass uns Einlass gewährt wurde. Wir mussten ja in eine ganz bestimmte Wohnung, weil der Baumbestand vor den Häusern inzwischen bei den meisten Wohnungen den Ausblick auf die Bahnanlagen versperrt. Während Gerhard Greß noch die Waggons vom Regierungszug fotografieren konnte und sich sogar vier Dampfloks auf dem Bild verstecken wird das Bahnbetriebswerk aktuell nur noch von der Firma Locon genutzt. Elektrische Triebwagen der DB Regio sind ebenfalls noch rund um das Gelände abgestellt, ebenso wie zwei westdeutsche Dieselloks der Baureihe 218, die als ICE-Abschlepploks tätig sind.

7. September **1979**

Gerhard Greß

Korbinian Fleischer

1. Juni
2019

Hermann Kuom

19. Mai **1974**

16. März **2017**

Andreas Stirl

Nun sind wir nochmals zurück auf Höhe des **Personenbahnhofs Berlin-Lichtenberg.** Doch was bekommen wir diesmal zu sehen? Eine achtspurige Straße mit viel Verkehr? Um eine Vergleichsaufnahme anfertigen zu können, ist diesmal der Besuch der Lichtenberger Brücke erforderlich. Diese 137 Meter lange Brücke verläuft am östlichen Rand des Personenbahnhofs über die Gleisanlagen und ist heute ein Teil der Frankfurter Allee. Die Brücke gab es auch 1974 schon, als Hermann Kuom die historische Au fnahme anfertigte. Allerdings war sie damals nur zweispurig und dementsprechend viel kleiner und weiter östlich angesiedelt. Am 19. Mai 1974 war 35 1112-8 vom Bahnbetriebswerk Halberstadt gerade in Lichtenberg zu sehen. Die Maschine wurde bereits drei Jahre später am 20. April 1977 ausgemustert. Das markante Stellwerk B9 ist heute noch in Betrieb und steht jetzt im Schatten der breiten Straßenbrücke der B2/B5.

Nun befinden wir uns am **Ostkreuz**. Von der Kynasbrücke zur Ringbahnhalle hat man einen guten Ausblick auf das Gleisvorfeld in Richtung Rummelsburg und Lichtenberg. Die historische Aufnahme ist noch gar nicht so alt, wie vielleicht vermutet. Sie zeigt einen Traditionszug der Deutschen Reichsbahn anno 1985. Bei der Deutschen Reichsbahn in der DDR wurde viel Wert auf die Erhaltung von historischen Fahrzeugen gelegt, die liebevoll gepflegt wurden. Leider wurde dieses System mit Gründung der Deutschen Bahn AG komplett verworfen. Fast keine der damaligen Museumsloks ist 2021 noch betriebsfähig. Die historischen Verkehre werden fast ausschließlich von selbstständigen Vereinen durchgeführt. Das Interesse der Deutschen Bahn AG an ihrer Geschichte beschränkt sich auf das DB Museum in Nürnberg mit ihren Außenstellen in Halle und Koblenz. Aber zurück nach Berlin. So auf den ersten Blick hat sich wenig geändert. Doch schon beim zweiten Blick erkennt man das neue Überwerfungsbauwerk (Brücke) über die S-Bahn-Gleise nach Lichtenberg. Ganz rechts im Bild zu sehen ist das 1907 im Stil märkischer Backsteingotik erbaute Schulgebäude, das nach grundlegender Sanierung seit 2016 die Jugendherberge Ostkreuz beherbergt. Das Gebäude wurde ab 1948 von der Ingenieurschule für Maschinenbau und Elektrotechnik genutzt und die angegliederte ehemalige Feuerwache als Polizeirevier. 1990 ging die Ingenieurschule in der Fachhochschule für Wirtschaft und Technik (FHTW) auf, die im Jahr 2009 in den Campus Oberschöneweide umzog. Nach längerem Leerstand übertrug das Land Berlin die Immobilie an das Deutsche Jugendherbergswerk (DJH). 2021 ist sie mit 445 Betten die größte Jugendherberge Deutschlands.

Korbinian Fleischer

11. September **2020**

1. Mai **1985**

Hermann Kuom

Sven Heinemann

31. März **2015**

19. August **2019**

Burkhard Wollny

Bereits 1913 wurde direkt an der Spree der **Osthafen** als Industriehafen in Betrieb genommen. Das Hafengelände lag an der Stralauer Allee. Prägnante Gebäude sind bis heute das sogenannte Eierkühlhaus, der Osthafenspeicher und weiter im Osten zwei symmetrisch angeordnete zweigeschossige ehemalige Lagerhäuser mit dem Verwaltungsgebäude und der ehemaligen Kantine. Nach dem Krieg diente der Hafen neben dem Abtransport der Reparations- und Demontagegüter vorwiegend dem Umschlag dringend benötigter Lebensmittel. 1948 kam der Osthafen zusammen mit einem Teil des Humboldthafens unter Verwaltung des Ost-Berliner Magistrats. Während der deutschen Teilung lag der Hafen in Ost-Berlin zwischen der Hinterlandmauer und der tatsächlichen politischen Grenze, die sich auf der Westseite der Spree befand. Nach der Wiedervereinigung wurde der Hafen wieder bei der Berliner Hafen- und Lagerhausgesellschaft mbH (BEHALA) eingegliedert. Noch 1997 waren 35 Hafenarbeiter und weitere rund 250 Speditionsmitarbeiter auf dem Gelände beschäftigt. Fünf Kräne, 14 Gabelstapler und vier E-Loks verrichteten ihre Arbeit. Zwei Betonmischwerke siedelten sich an. Bereits ab Mitte der 1990er-Jahre gab es Pläne zur Umnutzung des Geländes. Das Eierkühlhaus wurde restauriert und ist seit 2002 Sitz der Firma Universal Music. Der Osthafenspeicher, wurde ebenfalls restauriert und ist heute Sitz mehrerer Medien-Firmen. Noch 2015 wurden im Hafen Baustoffe auf Güterwagen umgeschlagen. Inzwischen sind alle Gleisanlagen stillgelegt und auch der bekannte Osthafentunnel, ein Industriebahntunnel zu den Gütergleisen am Ostkreuz, zum Teil sogar verfüllt. Auch die mächtigen Krananlagen sind verschwunden. Neue Gebäude entstanden auf dem ehemaligen Hafengelände. Das Gelände ist in großen Teilen inzwischen insbesondere ein Medien- und Modestandort.

Hermann Kuom

30. Mai **1985**

Der Ausblick auf die Gleisanlagen von der **Brücke der Warschauer Straße** war schon immer für Eisenbahnfreunde ein beliebtes Ziel. Im Hintergrund erkennt man die Hallen des Ostbahnhofs. Der Bahnhof wurde als Frankfurter Bahnhof erbaut und hat seinen Namen so oft gewechselt wie kein anderer Berliner Bahnhof. Insbesondere die Namen Berlin Schlesischer Bahnhof (1881–1950) und Berlin Hauptbahnhof (1987–1998) sind bekannt. Der südöstlich des Ostbahnhofs liegende vormalige Ostgüterbahnhof und das Bahnbetriebswerk der Schlesischen Bahn wurden 2003 abgerissen. Güterzüge oder einen Postzug, wie auf der historischen Aufnahme, sucht man hier 2021 vergebens. Auch hat der elektrische Zugbetrieb längst die Diesellokomotiven abgelöst. Auch abgelöst wurde die mechanische Stellwerkstechnik mit Formsignalen und ortsbedienten Stellwerken.

7. Mai **2020**

Korbinian Fleischer

Herbert Stemmler

2. Mai
1970

Bleiben wir noch für einen Moment auf der **Brücke der Warschauer Straße**. Direkt auf der gegenüberliegenden Seite liegt das Reichsbahnausbesserungwerk (RAW) Warschauer Straße, das ab 1967 den Beinamen „Franz Stenzer" bekam. Eröffnet wurde das Werk bereits 1867 als „Königliche Eisenbahnhauptwerkstatt Berlin II". 1967 erhielt das RAW zum 100-jährigen Jubiläum den Namen des während der NS-Zeit ermordeten bayerischen Kommunisten Franz Stenzer. Das Ausbesserungswerk war verstärkt für die Reparatur und Unterhaltung der Kühlwagen der Reichsbahn verantwortlich, wie man auf der historischen Aufnahme gut erkennen kann. Nach der Wiedervereinigung 1991 wurde die schrittweise Stilllegung mangels Auslastung eingeleitet. Die Lackierhalle wurde jedoch erweitert und wird seit 1995 vom Unternehmen Talgo Deutschland verwendet. Zwischen 1994 und 2013 setzte die Deutsche Bahn AG spanische Talgo-Hotelzüge als „InterCityNight" unter anderem zwischen München und Berlin ein. Später wurden diese Züge zu CityNightLine-Zügen, bevor ihre Abstellung erfolgte. Inzwischen sind diese markanten und bei den Fahrgästen äußerst beliebten Fahrzeuge sogar verschrottet. Zwischen Berlin und Moskau verkehrt allerdings seit einigen Jahren ebenfalls eine Talgo-Garnitur und die Deutsche Bahn AG hat 2019 bekannt gegeben, dass sie für den künftigen EuroCity-Verkehr ebenfalls wieder Talgo-Züge einsetzen möchte. Doch zurück zum aktuellen Talgo-Werk. Dort werden 2021 die unterschiedlichsten Reisezugwaggons gewartet und die regelmäßigen Untersuchungen durchgeführt. Der überwiegende Teil des Geländes ist jedoch an verschiedene Kultur- und Sporteinrichtungen, Künstlerateliers, Konzerthallen und Liveclubs, Galerien, Clubs und gastronomische Betriebe vermietet.

Korbinian Fleischer

17. Mai **2020**

Gerhard Greß

28. Juni
1996

Herbert Stemmler

2. Mai **1970**

12. September **2020**

Korbinian Fleischer

Unsere nächste Station machen wir im ehemaligen **Bahnbetriebswerk (Bw) Ostbahnhof**. Mit Inbetriebnahme der Bahnstrecke Berlin – Frankfurt (Oder) im Jahr 1842 nehmen auch die südöstlich des Bahnhofs liegenden Werkstätten ihre Arbeit auf. Bis zur Schließung der Anlagen im Jahr 2000 werden dort neben Dampflokomotiven auch Dieselloks und moderne E-Loks unterhalten. Bekannt wurde das Bw durch die Stationierung von zehn Schnellzugdampfloks noch in den 1970er-Jahren. 1979 wurde der letzte Personenzug von dort aus unter Dampf befördert. Damit endete die Ära der Dampfrösser. Auf den beiden Fotos sind rechts die Viaduktbögen der elektrisch betriebenen Postbahn zu sehen. Bis zur Inbetriebnahme moderner Brief- und Postzentren im Berliner Umland ohne Gleisanschluss und der folgenden Stilllegung wurden am Ostbahnhof in Spitzenzeiten bis zu 200.000 Pakete bearbeitet.

Östlich des Ostbahnhofs liegt das Gelände des ehemaligen **Schlesischen Güterbahnhofs**. Er war der wichtigste Umschlagplatz für Stückgut nach dem Zweiten Weltkrieg. Bis zu 500 Tonnen Güter betrug der tägliche Warenumschlag, was zwischen 50 und 70 Waggons täglich bedeutet. Der Zusammenbruch des Güterverkehrs bei der Deutschen Reichsbahn nach der Deutschen Einheit und die folgende Verlagerung auf die Straße führte zur Einstellung der Stückgutverladung 1997 und Schließung des gesamten Bahnhofs bis 2002. Als Nachnutzer errichtete der Investor Philip Anschutz auf dem einstigen Bahngelände bis 2008 eine Multifunktionsarena. In der Folgezeit kamen Baumärkte und Wohn- und Bürogebäude dazu. Eine Wiederaufnahme des Stückgutverkehrs ist somit auf diesem Gelände nie wieder möglich. Auf der historischen Aufnahme sind viele Kühlwaggons zu sehen, die im Ausbesserungswerk an der Warschauer Straße (siehe Seite 120/121) behandelt wurden. Zudem ist die Städteexpress-Garnitur des Ex 100/107 „Elstertal" auf dem Gelände abgestellt. Die Städteexpress-Züge dienten als hochwertige Schnellzüge von den Bezirksstädten nach Berlin. Die Züge verkehrten morgens in die Hauptstadt und am Abend wieder zurück.

Gerhard Greß

23. Mai
1977

7. Mai **2020**

Korbinian Fleischer

Korbinian Fleischer

11. September **2020**

Mit zwei Zeitreisen ist das einst bedeutende **Bahnbetriebswerk (Bw) Berlin-Schöneweide** in diesem Band vertreten. Das Bahnbetriebswerk diente von 1906 bis 1998 der Fahrzeugunterhaltung. Die Dieseltraktion erhielt in Schöneweide erst relativ spät Einzug. Zunächst ersetzten Dieselloks der Baureihe V 60 Mitte der 1960er-Jahre im Rangierdienst die Dampflokomotiven der Baureihe 93. Im schweren Rangier- und Güterzugdienst blieben die Dampfloks der Baureihe 52 zunächst noch weiter im Einsatz. Später wurden die ursprünglichen Maschinen durch die rekonstruierten Maschinen der Reihe 52.80 ersetzt. Im Frühjahr 1992 zog die Reichsbahn einen Großteil der noch vorhandenen 52.80 in Schöneweide zusammen. Damit war das Bahnbetriebswerk die letzte Einsatzstelle von normalspurigen Dampfloks im Planbetrieb in Deutschland. Doch auch das rettete die Anlagen nicht. 1998 kam das Ende und in den folgenden Jahren wurden die Gleisanlagen bis auf das Heizhaus mit Drehscheibe abgebaut. Auch der südlich der Bw-Anlagen liegende Rangierbahnhof ist komplett verschwunden.

Hermann Kuom

12. Mai **1978**

Hermann Kuom

12. Mai **1976**

11. September **2020**

Das zweite Bildpaar vom **Bahnbetriebswerk Schöneweide** zeigt den Rundlokschuppen mit der Drehscheibe, der 2021 vom Verein Dampflokfreunde Berlin e. V. genutzt wird. Wie groß die früheren Anlagen einmal waren, kann man auf den beiden historischen Fotos gut erkennen. Das museal genutzte Gelände ist aus Vandalismusgründen abgesperrt. Leider ist es in Deutschland nicht mehr möglich, historische Fahrzeuge ungeschützt abzustellen. Sofort werden die Scheiben eingeschlagen und Graffitischmierereien aufgebracht, wie man an dem Bghw-Waggon neben dem Zaun auch sehen kann.

Korbinian Fleischer

Burkhard Wollny

13. April
1976

11. September **2020**

Korbinian Fleischer

Vom Bahnbetriebswerk Berlin-Schöneweide folgen wir der Bahnstrecke in Richtung Flughafen Berlin-Schönefeld. Von der **Brücke der Germanenstraße in Altglienicke** werfen wir einen Blick auf die Bahngleise in Richtung Grünauer Kreuz. Doch was sehen wir? Es gibt keine direkten Wiedererkennungsmerkmale! Und das, obwohl sich auf den ersten Blick wenig verändert hat. Das Haus, das links auf der historischen Aufnahme zu sehen ist, ist immer noch vorhanden, allerdings von Büschen und Bäumen verdeckt. Die Gleislage hat sich bei der Elektrifizierung verändert. Einzig die Mauer ist unter dem Bewuchs ist noch auszumachen. Und wer genau hinschaut, erkennt, dass die kleinen Birken von 1976 auch 2020 noch vorhanden sind. Der Dampfbetrieb ist modernen elektrischen Triebwagen gewichen.

Nun befinden wir uns auf der Blockdammbrücke in **Berlin-Karlshorst** an der Strecke vom Ostkreuz in Richtung Frankfurt (Oder). Vor uns liegt 2020 das größte Bahnbetriebswerk der Deutschen Bahn AG in Berlin. Das Werk Berlin-Rummelsburg entstand auf dem Gelände des ehemaligen Rangierbahnhofs und dient 2021 hauptsächlich der DB Fernverkehr AG zum Abstellen und Warten ihrer ICE-Garnituren. Knapp 1000 Mitarbeiter reinigen, warten und reparieren im Werk täglich bis zu 65 Züge. Seit Dezember 2018 werden hier auch ICE-4-Züge behandelt. Dort, wo 1977 noch Kohlevorräte für Dampfloks gelagert wurden, werden inzwischen Tauschachsen für ICE-Züge gelagert. Die Radsätze werden mittels Ultraschall auf Haarrisse untersucht, seit sich 1998 in Eschede ein Radreifen gelöst hatte und einen schweren Unfall mit 101 Toten verursachte. Der Zug auf der historischen Aufnahme besteht aus russischen Weitstreckenwaggons aus deutscher Produktion und ist auf dem Weg nach Russland. Der ICE-T, der sich 2020 für das Fotoshooting zur Verfügung gestellt hat, gehört den Österreichischen Bundesbahnen, die für den gemeinsamen Betrieb der ICE-Linie von Frankfurt (Main) nach Wien ebenfalls ICE-Züge bei Siemens erworben hat. Weniger als ein Jahr nach der Aufnahme standen diese Züge übrigens zur Abgabe an die DB AG an. Die Zeit überlebt haben neben den Hochhäusern im Hintergrund auch der alte Wasserturm und die Kleingartenanlage ganz rechts im Bild.

Korbinian Fleischer

12. September
2020

23. Mai
1977

Gerhard Greß

Burkhard Wollny

2. April **1995**

Jetzt springen wir in den Berliner Bezirk Pankow. Gegenüber des S-Bahn-Haltepunkts **Pankow-Heinersdorf** befindet sich das ehemalige Bahnbetriebswerk (Bw) mit zwei Drehscheiben. Erbaut wurde das Bw im Jahr 1904. Heinersdorf war bis zur Bildung Groß-Berlins 1920 eine selbstständige Landgemeinde im Norden Berlins. Auf dem Gelände befinden sich zwei Lokschuppen. Das Bahnbetriebswerk wurde Ende der 1990er-Jahre stillgelegt und die Gleisanlagen größtenteils abgebaut. 2009 wurde das Gelände von einem Investor gekauft, der auf der Brachfläche ein Einkaufszentrum mit Möbelhaus errichten möchte. Das Bahnbetriebswerk steht jedoch unter Denkmalschutz, sodass aus den Bauplänen bislang nichts wurde. Dazu gehört auch das auf dem Foto zu sehende Verwaltungsgebäude, wie ein Gericht im März 2021 bestätigte.

3. April **2020**

Burkhard Wollny

Hermann Kuom

10. August **1966**

Es gehört schon etwas Fantasie dazu, um den alten Aufnahmestandort in **Pankow-Heinersdorf** von 1978 aktuell wiederzuentdecken. Ohne exakte Ortsangabe von Hermann Kuom wäre dies nicht gelungen. Und doch: Es gibt auch ein Wiedererkennungsmerkmal: Die Wohnhäuser im Hintergrund wurden zwar in den vergangenen 40 Jahren mehrfach umgebaut und saniert, sind aber trotzdem noch zu erkennen. Von der Eisenbahn ist hingegen nicht viel übrig geblieben. Die große Fläche des einstigen Rangierbahnhofs ist nur noch Brachland. Alle Stellwerksgebäude wurden abgerissen. Die Dampflok 52 3546 im Vordergrund wurde 1977 abgestellt und noch im gleichen Jahr verschrottet.

9. Mai **2020**

Korbinian Fleischer

Korbinian Fleischer

10. August
1968

9. Mai **2020**

Hermann Kuom

Nun folgt eine dritte Zeitreise aus **Pankow-Heinersdorf**. Wir blicken von der heutigen Brücke der B-109 auf die Gebäude des Bahnbetriebswerks. Der etwas andere Aufnahmewinkel ist der neuen Brücke geschuldet, die näher an den Rundhäusern der Bahn verläuft als die alte Brücke der Pasewalker Straße anno 1968. Klar wiederzuerkennen ist das erhaltene Rundhaus des Bahnbetriebswerks, das unter Denkmalschutz steht. In Deutschland gibt es nur noch zwei Rundhäuser ähnlicher Bauart. Eins davon befindet sich in Berlin-Rummelsdorf. Weitere Rundhäuser preußischer Bauart befinden sich noch in Ostpreußen (heute ein Teil von Russland und Polen). Die Zukunft der Anlage in Heinersdorf ist mehr als unsicher. Bekannt und beliebt sind die Gebäude als „Lost-Place“. Sie sind umzäunt und werden auch bewacht.

Bleiben wir bei „Lost Places“. Der **Anhalter Güterbahnhof** gehört auch zu dieser Kategorie wie, man bei einem Blick von der Monumentenbrücke feststellen kann. Auch er hat inzwischen seine Gleisanlagen komplett verloren. Die neuen Gleise mit dem Stadler-Kiss-Triebwagen der Ostdeutschen Eisenbahngesellschaft führen über das alte Güterbahnhofsgelände zum neuen Hauptbahnhof an Stelle des einstigen Lehrter Bahnhofs. Die historische Aufnahme ist ein Standfoto aus dem Film „Wartesaal der Weltgeschichte“, einem Dokumentarfilm der Landesbildstelle Berlin. Zu erkennen ist auf der historischen Aufnahme im Hintergrund das wenig später gesprengte Portal des Anhalter Bahnhofs und in der Bildmitte der noch heute erhaltene Wasserturm vom Bahnbetriebswerk, dem heutigen Technikmuseum Berlin. Ansonsten sind die Gleisanlagen 14 Jahre nach Kriegsende verwaist, aber noch erstaunlich gut gepflegt.

Korbinian Fleischer

4. Juli
2020

10. September
1959

Landesarchiv Berlin F Rep.290 (02) Nr. 0000374_C, Bert Sass,

Eisenbahnstiftung/Walter Hollnagel

10. März
1945

4. Juli **2020**

Korbinian Fleischer

Nun befinden wir uns in **Berlin-Steglitz**. Die historische Aufnahme katapultiert uns in die letzte Phase des Zweiten Weltkriegs im März 1945. Der Krieg ist zwar längst entschieden, doch die Schlacht um Berlin hat noch nicht begonnen. Diese forderte zwischen dem 16. April 1945 und der Kapitulation am 2. Mai 1945 Schätzungen zufolge über 170.000 Gefallene und 500.000 verwundete Soldaten sowie den Tod mehrerer zehntausend Zivilisten. Die historische Aufnahme zeigt die Anlagen des Bahnhofs Berlin-Steglitz mit der Dampflok 74 1279, die am Güterschuppen rangiert. Noch verkehrt die S-Bahn durch Berlin. Die Aufnahmen entstanden von der heutigen Joachim-Tiburtius-Brücke, die über die Bahngleise und die Stadtautobahn (Westtangente) führt. Die vierspurige Bundestraße verläuft auf dem ehemaligen Bahngelände, das 2021 nur noch von der S-Bahn genutzt wird. Im Hintergrund erkennt man auf beiden Fotos die S-Bahn-Station Feuerbachstraße.

Eisenbahnstiftung/Walter Hollnagel

10. März
1945

4. Juli
2020

Bleiben wir noch einen Moment auf **der Joachim-Tiburtius-Brücke in Berlin Steglitz** und schauen in die entgegengesetzte Richtung. Links im Bild ist deutlich das Kaiserliche Postamt zu erkennen, das sowohl die Wirren des Zweiten Weltkriegs als auch die Abrisspolitik der Nachkriegszeit überstanden hat. Auf beiden Aufnahmen ist im Hintergrund die S-Bahn-Station Rathaus Steglitz zu erkennen. Die schönen, aber kriegsbeschädigten, Altstadthäuser sind dem Neubau der Bundesstraße zum Opfer gefallen, während die Bahnstrecke aktuell nur noch von der S-Bahn genutzt wird. Auf dem einstigen Ferngleis rollt stadteinwärts ein Schnellzug mit einer Lok der Baureihe 01. Gerade wird das Stellwerk „Szg“ (Steglitz Güterbahnhof) gerade wieder instand gesetzt. Stellwerksstörungen, wie sie jedem Bahnreisenden in jüngster Zeit geläufig sind, gab es selbst zwei Monate vor Kriegsende nicht. Die Reichsbahner sorgten dafür, dass der Zugverkehr möglichst störungsfrei rollte.

Korbinian Fleischer

Korbinian Fleischer

4. Juli
2020

10. Juli
1988

Hermann Kuom

Wir folgen der Wannseebahn weiter in Richtung Süden und erreichen den **Bahnhof Lichterfelde West**. Von 1947 bis 1993 wurde der Bahnhof von der Berlin Brigade der US-Army als Militärbahnhof genutzt. Von dort verkehrten die Militärzüge über den Grenzübergang Helmstedt-Marienborn nach West-Deutschland bis zum Abzug der Amerikaner im Jahr 1993. Im Dienst der US-Army stand auch der Dieseltriebwagen „General“, der auf der historischen Aufnahme zu sehen ist. Der zweiteilige Dieseltriebwagen basiert auf der Triebwagenfamilie VT 08 „Eierkopf“ der Deutschen Bundesbahn. Die United States Army beschaffte sechs zweiteilige Triebwagen. Die Wagen waren als luxuriöse Salontriebwagen sowie als Lazarett-Triebwagen eingerichtet. An Stelle der Mittelpufferkupplung erhielt der Triebwagen verkleidete Puffer und Schraubenkupplungen. In den 1980er-Jahren wurde das Fahrzeug grundlegend modernisiert, was man von außen an der neuen Frontscheibe erkennen kann. Fünf der Armee-Triebwagen wurden bis 1974 ausgemustert, nur der „General“ überlebte. Er gehört seit vielen Jahren der Georg Verkehrsorganisation GmbH (GVG), die 2021 dringend einen Unterstellplatz für den Dieseltriebwagen suchte. Das Empfangsgebäude von Lichterfelde West ist nach wie vor vorhanden. Nur die Lagergebäude wurden abgerissen. Auf dieser Fläche entstand ein Alnatura-Bio-Supermarkt.

Nun befinden wir uns 100 Meter weiter an der **Bahnhofseinfahrt von Lichterfelde West** aus Richtung Berlin-Wannsee. Viel Betrieb war am 17. August 2000 noch auf dem Bahnhof Berlin Lichterfelde West. Ein S-Bahn-Triebzug der BR 481 verlässt den Bahnhof gerade in Richtung Wannsee, während zwei V60-Ost mit einem Schotterzug ebenfalls aus dem Bahnhof ausfahren. Kombi-Wagen werden außerdem von einer V60-West für den Ford-Zug rangiert. Dieser Zug war auch der letzte regelmäßige Güterzug auf der Strecke zwischen Wannsee und Steglitz und wurde 2017 eingestellt. Es wurden Kunststoffteile vom Ford in der Goerzallee über den Anschluss der Goerzbahn bis nach Köln transportiert. Das mechanische Stellwerk „Lwt" (Bauform Jüdel) ist heute noch gerade so erkennbar, Ende 2009 wurde es durch ein ESTW ersetzt.

Korbinian Fleischer

4. Juli **2020**

17. August **2000**

Bodo Schulz

Hermann Kuom

10. Juli
1988

4. Juli
2020

Korbinian Fleischer

Von Lichterfelde West reisen wir weiter zum Bahnhof Wannsee. Dort trifft die heutige S1 wieder auf die Gleise der Wetzlarer Bahn. Während des Zweiten Weltkriegs blieben die Bahnanlagen in Wannsee weitgehend verschont. Ein durchgehender Zugverkehr in Richtung Potsdam und Drewitz war nach der Sprengung der Teltowkanalbrücken zunächst nicht möglich, zudem wurde das Streckengleis aus Richtung Potsdam als Reparationsleistung abgebaut. Gemäß dem Londoner Protokoll befand sich der Bahnhof seit dem 4. Juli 1945 im amerikanischen Sektor. Da die weiter südlich gelegene Stammbahn Berlin–Potsdam mehrmals die Grenze zwischen dem amerikanischen Sektor und der sowjetischen Besatzungszone passierte, fand hier keine Wiederaufnahme des Verkehrs statt. Die Züge aus Richtung Westen wurden stattdessen von Potsdam aus über Wannsee zur Stadtbahn geleitet. Ab 1947 verkehrten zusätzlich Militärzüge der US-Streitkräfte über Wannsee nach Lichterfelde West. Mit dem Bau der Berliner Mauer wurde auch der S-Bahn-Verkehr nach Potsdam und Strahnsdorf eingestellt. Ab 1969 war Wannsee Zielbahnhof von Transitzügen mit Automitnahme. Eine neue Blütezeit erlebte der Bahnhof mit der Grenzöffnung ab 1989. Der elektrische Zugbetrieb konnte 1993 aufgenommen werden, Zeitweise war Wannsee sogar ein ICE-Bahnhof. 2021 dient er hauptsächlich dem Regionalverkehr, aber auch der Nachtzug ÖBB Nightjet 470/471 Berlin – Zürich hält dort. Einzelne IC-Züge halten zusätzlich ebenfalls in Wannsee. Die historische Aufnahme zeigt einen französischen Militärzug. Die Bahnsteiglampen vom Typ „Leipziger Tropfen“ sind für Eisenbahnanlagen eher untypisch. Sie haben allerdings bis 2021 überlebt. Bemerkenswert sind die historisierenden Bahnhofsschilder, die es so früher nicht gab, und auch der Blumenschmuck am Stellwerk. Blumen und Zierpflanzen waren die ersten Opfer der Sparmaßnahmen bei der Deutschen Bahn AG Mitte der 1990er-Jahre.

Burkhard Wollny

22. März **2020**

Nach dem Bahnhof Berlin-Wannsee überqueren die Wetzlarer Bahn und die S-Bahn nach Potsdam den **Teltowkanal** auf zwei parallelen Brücken. Kurz vor Ende des Zweiten Weltkriegs wurden noch beide Bahnbrücken gesprengt. Das Streckengleis nach Potsdam wurde als Reparationsleistung abgebaut und in die Sowjetunion verbracht. Zur Zeit der deutschen Teilung wurde die zweigleisige Brücke über den Teltowkanal von der Bahnlinie nach Potsdam und in Richtung Seddin jeweils als eingleisige Strecke genutzt. Rund 100 Meter südlich der Brücke befanden sich die Grenzsicherungsanlagen. Dazu gibt es auf Seite 90/91 auch noch drei Fotos.

23. Februar **1975**

Karsten Risch

Korbinian Fleischer

2. Juli **2020**

Wir haben nun die Wannseebahn verlassen und springen nach Norden. Unser Standort ist die **Olympische Brücke**. Unter uns verläuft die Bahnstrecke zwischen dem S-Bahn-Haltepunkt Heerstraße und Spandau. Ursprünglich war die Strecke zweigleisig für den Fernverkehr in Richtung Westen und Hamburg/Hannover ausgebaut. Zur Zeit der deutschen Teilung reichte jedoch ein Gleis, auf dem Bodo Schulz 1991 einen VT 771 fotografieren konnte. Mit der Wiedervereinigung und dem gestiegenen Verkehrsaufkommen wurde die Strecke elektrifiziert und auch wieder zweigleisig ausgebaut. Zur Lärmreduzierung wurden die Gleise mit einer festen Betonfahrbahn und einer Gleisdämmung errichtet, die in gleicher Bauart auch auf der Stadtbahn Anwendung gefunden hat. Im Hintergrund erkennt man, nicht zuletzt als Wiedererkennungsmerkmal, die Kamine des Heizkraftwerks Reuter und Reuter West, die 2021 zu Vattenfall Europe Wärme gehören.

14. April **1991**

Bodo Schulz

Korbinian Fleischer

8. Mai **2020**

Von der Olympischen Brücke ist es nicht mehr weit bis Spandau. Der heutige **Bahnhof Berlin-Spandau** befindet sich an Stelle des ehemaligen Bahnhofs Spandau-West. Der alte Bahnhof Spandau ist heute die S-Bahn-Station Stresow. Vom Güterbahnhof Spandau sind sämtliche Spuren verschwunden. Auf dem Gelände befinden sich heute die Spandau-Arcarden, ein großes Einkaufszentrum mit einer Parkplatzebene am Dach. Einzig das zwischen 1910 und 1913 erbaute Rathaus Spandau mit seiner Laterne steht noch, wie einst, am gleichen Ort, während das einstige Bahngelände komplett abgeräumt und überbaut wurde. Die Dampflok 52 8006 wurde 1992 ausgemustert und steht seit Juli 1992 im Dampflokmuseum Hermeskeil in Rheinland-Pfalz.

15. Dezember **1990**

Burkhard Wollny

Hermann Kuom

12. Juli **1985**

Korbinian Fleischer

Wir befinden uns noch immer am **Bahnhof Spandau**. Unser Blick schweift allerdings diesmal in Richtung Westen. Der Aufnahmestandort ist fast identisch mit der ersten Aufnahme aus Spandau. Wieder ist die aktuelle Aufnahme nur vom Parkdeck der Spandau-Arcarden aus möglich. Diesmal wird noch deutlicher, wie sehr sich die Eisenbahn in Spandau verändert hat. Die Wiedererkennungsmerkmale sind nicht zu zahlreich vorhanden. Ein kleiner Tipp: Die Pappeln in der Bildmitte von 1985 sind auch 2020 noch vorhanden. Der Güterbahnhof ist hingegen komplett verschwunden, ebenso die alte S-Bahn-Station Spandau West.

8. Mai **2020**

Unsere Reise durch Berlin schließen wir mit einer Aufnahme aus **Berlin-Tegel an der Kremmener Bahn**. Diese Bahnlinie war einst die erste Nebenbahn in Berlin. Alle anderen Bahnstrecken wurden als Hauptbahnen klassifiziert und betrieben. Der Unterschied bestand darin, dass die Bahnbewachung wegfallen konnte, die Gleisanlagen weniger oft kontrolliert werden mussten und es bei den Zügen weniger Bremser an Bord geben durfte. Auch 2021 gibt es noch die Unterscheidung in Haupt- und Nebenbahnen. Heute sind die Fahrgeschwindigkeit, die Radsatzlast und die Gleisbogenradien wesentliche Unterscheidungsmerkmale. Doch zurück nach Tegel: Im Hintergrund erkennt man auf der historischen Aufnahme deutlich die Humboldt-Oberschule bzw. das heutige Humboldt-Gymnasium, das 1911 erbaut wurde. 106 271-0 bringt gerade einen Güterwagen vom Hafenanschluss zum Bahnhof Tegel, der im Jahr 2020 frei vom Güterverkehr auf der Schiene ist! Wer hätte im Jahr 2000 gedacht, dass 20 Jahre später alle Gleisanlagen und Gleisanschlüsse restlos abgebaut, überbaut oder brachliegend sein würden? Auch deshalb ist das ehrgeizige, aber seit Jahrzehnten nicht wirklich verfolgte Ziel, mehr Güterverkehr auf die Schiene zu bringen, nicht umsetzbar, da Tegel leider keine Ausnahme, sondern vielmehr der Regelfall ist.

Korbinian Fleischer

3. Juli **2020**

17. August **1985**

Hermann Kuom

Wie dieses Buch entstand ...

Der Band 1 von Schienenwege einst und jetzt, Band Berlin, war sicher der aufwendigste Band der Buchreihe. Mitautor Burkhard Wollny hat, bereits 2018 damit begonnen, doch je tiefer wir in die Materie eingestiegen sind, desto spannender und umfangreicher wurde es. Vor Ort im Bahnhof Botanischer Garten bei Hermann Kuom wurde der ein oder andere Bildschatz gehoben, den Sie im Buch nun abgedruckt gefunden haben.

Für die aktuellen Aufnahmen war hauptsächlich Korbinian Fleischer unterwegs. Aber auch Burkhard Wollny steuerte einige Vergleichsaufnahmen bei. Beide Autoren stammen aus dem Schwäbischen.

Die Anreise mit dem ÖBB-Nachtzug „Nightjet" bis Berlin Hauptbahnhof war immer ein Vergnügen und ermöglichte einen Beginn der Fototouren ab acht Uhr morgens. Unterwegs, ausgestattet mit einem i-Pad mit Google Earth und natürlich den historischen Fotos sowie diversen nicht mehr aktuellen Strecken- und Landkarten, ging es mit Bahn-, Bus und Fahrrad sowie gelegentlich auch mit Car-Sharing-Autos von Car2go zu den oft nicht einfach zu erreichbaren Fotostandorten. Und oftmals war vor Ort einfach nichts mehr zu machen. Alle Spuren der Vergangenheit waren getilgt oder der Standort war komplett überbaut und damit gar nicht mehr zu erreichen. Ein kleines Problem waren oftmals Zäune und Mauern. Aber diese haben bekanntlich immer irgendwo einen Durchschlupf. Man muss nur lange genug suchen! Ohne die Mithilfe von vielen Eisenbahnfreunden, Hausmeistern, Eisenbahnern vor Ort und Passanten wäre dieses Buch mit Sicherheit nicht so vielfältig geworden.

Auf den Band 1 soll bald Band 2 folgen, der uns mit auf eine spannende Reise mit der Straßenbahn durch Ost- und Westberlin nimmt. Darin findet auch die U-Bahn ihren Platz, die überraschend vielseitig ist. Zusätzlich besuchen wir einige Orte, die Sie vielleicht in diesem Buch gar nicht erwartet hätten. Einen Schwerpunkt bildet aber die S-Bahn, die wir in Band 1 größtenteils ausgeklammert haben.

Hermann Kuom

Zu DDR-Zeiten wurde zur Umfahrung von West-Berlin der Außenring gebaut. Auch wenn diese Bahnstrecke größtenteils in Brandenburg liegt, so hat sie dennoch einen Bezug zu Berlin. Allerdings sind die meisten markanten Fotostandpunkte aktuell ohne Wiedererkennungsmerkmale so zugewachsen, dass man dort kein Foto mehr anfertigen kann.

Das Stellwerk Tempelhof ist wie viele andere Bahnbauten komplett verschwunden. Aufgrund einer Gleisrampe an seiner Stelle ist auch ein Foto mit Wiedererkennungsmerkmal leider nicht mehr möglich.

Bodo Schulz

Und da ist es: Das lang ersehnte Loch im Zaun, so dass man über Umwege doch noch zur geplanten Vergleichsaufnahme kommt.

Korbinian Fleischer

Kleiner Helfer bei großen Betriebsstörungen, wie sie mehr mals während der Entstehung des Buches auftraten. Wenn kein Zug mehr fährt, hilft leider nur noch das Auto. Mein Berliner Fahrrad musste dann am Bahnhof warten.

Korbinian Fleischer

Ebenfalls erhältlich ...

ISBN 978-3-96453-300-5

ISBN 978-3-96453-292-3

ISBN 978-3-96453-288-6

ISBN 978-3-96453-302-9

www.geramond.de